LE GÈNE
DIVINE

LE GÈNE
DIVINE

La Nature de Dieu
Dans le Destin Des Hommes

Auteur ISAAC PITRE
Traduire Par JEANIE AUGUSTIN

iUniverse, Inc.
Bloomington

LE GÈNE DIVINE
La Nature de Dieu Dans le Destin Des Hommes

iUniverse books may be ordered through booksellers or by contacting:

iUniverse
1663 Liberty Drive
Bloomington, IN 47403
www.iuniverse.com
1-800-Authors (1-800-288-4677)

ISBN: 978-1-4620-2109-3 (sc)
ISBN: 978-1-4620-2110-9 (ebk)

Printed in the United States of America

iUniverse rev. date: 10/14/2011

Introduction

Je suis ravi que vous avez choisi de lire ce livre. Il vous donnera une nouvelle perspective passionnante sur la façon plan de Dieu pour la vie a été implanté dans les deux votre être physique et spirituel. Même plus, vous découvrirez comment, en tant que croyant né de nouveau, vous avez un patrimoine génétique qui vous transforme en l'image de Dieu.

Comme vous le verrez, le créateur a mis brin sacrée de son être en toi, en attendant d'être activée. Sa touche permet de transformer vos émotions, accélérer votre esprit, et vous préparer à un but divin.

Vous trouverez les réponses à ces questions:

- Comment avons-nous fait et pourquoi Dieu nous a créés sur cette planète?
- La terre a—t—elle été détruite avant que le Jardin d'Eden?
- Quel est le lien important entre la chute de Satan et de la chute d'Adam?
- Quelle est la séparation entre l'humanité et la divinité?
- Quel rôle Jésus at-il payer pour restaurer notre ADN divine?
- Comment sommes-nous affectés par les trois malédictions dans le jardin?
- Comment pouvons-nous gagner la bataille entre la chair et l'Esprit?

- Que dit Dieu au sujet de richesse et de richesses?
- Quelle est notre position divine, et pourquoi est-il si important?
- Comment pouvons-nous vivre dans l'atmosphère du ciel?
- Pourquoi le Christ at nous donner les clefs du Royaume?
- Comment pouvons-nous réclamer notre héritage royal?
- Avons-nous le pouvoir de régner sur la terre?
- Quel est notre rôle et la responsabilité dans la restauration du Royaume de Dieu?

Comme nous allons répondre à ces questions, je tiens à vous montrez, comment Le Christ vous rend à la personne que Dieu vous à être destiné et Il vous donne Ses caractéristiques qui vas changer votre vie.

Il est de votre gène Divine.

Isaac Pitre

LA PREMIÈRE PARTIE
DIVINITÉ

Chapitre Un

LE «POURQUOI» DE LA DIVINITÉ

Ce que vous apprêtez à lire n'est pas la spéculation ou supposition. Il est basé sur la vérité de Dieu et vous donnera des réponses aux questions qui ont été soulevées à travers les âges:

- Pourquoi avons-nous mis ici sur la planète Terre?
- Quelle était l'intention de Dieu et le but pour nous?
- Exactement comment a été fait homme?

Après avoir lu le titre de ce livre, peut-être vous poser quelques questions supplémentaires: "Qu'est-ce gène divine?" Et "Est-ce que quelque chose, nous recevons automatiquement à la naissance?" en plus, "Comment puis-je savoir si elle réside en moi?"

Le fondement de cette vérité sort de la passage de l'Écriture dans le Psaume huit quand David déclare:

Éternel, notre Seigneur! Que ton nom est magnifique, sur toute la terre! Ta majesté s'élève au-dessus des cieux. Par la bouche des enfants et de ceux qui sont à la mamelle Tu as fondé ta gloire, pour confondre tes adversaires, Pour imposer silence à l'ennemi et au vindicatif. Quand je contemple les cieux, ouvrage de tes mains, La lune et les étoiles que tu as créées: Qu'est-ce que l'homme, pour que tu te souviennes de lui? Et le fils de l'homme, pour que tu prennes garde à lui? Tu l'as fait de peu inférieur à Dieu, Et tu l'as couronné de gloire et de magnificence (Psaume 8:1-6).

- Le gène Divine commence par, et est entourée autour de trois différentes révélations et vérités:
- Numéro un: Dieu fait homme de peu inférieur aux anges (verset 5). Ceci est la divinité.
- Numéro deux: Dieu fait homme couronné de gloire et d'honneur (verset 5). C'est DIGNITÉ.
- Le numéro trois: Dieu fait homme pour se prononcer sur toutes les œuvres de ses mains et de mettre toutes choses sous ses pieds (verset 6). C'est DOMINION.

RÉSOUDRE LE PUZZLE

Donc exactement ce qui est la divinité? Il est celui qui est attribué à la volonté divine—qui est Dieu Tout-Puissant.

**Depuis le début des temps,
les gens ont été en quête de réponses
pour comprendre le sens de leur existence.**

Le psalmiste n'a pas été différente. Sa déclaration ci-dessus reflète cette quête éternelle. Après avoir examiné un Dieu qui, avec le contact de sa main, a créé la lune, les étoiles, et les cieux, David demande: "Quel est l'homme que tu te souviennes de lui?"

Il s'agissait d'une soif le psalmiste a essayé de l'éteindre.

Pour résoudre le puzzle, nous devons revenir au premier chapitre de la Genèse où l'on retrouve Moïse écrit sur la création du Tout-Puissant. En fait, je tiens à dire que avant de tourner à Genèse 1, vous devez revenir à la Genèse zéro qui dit simplement: Dieu! Pourquoi? Parce que sur le Créateur, tout a commencé. S'il vous plaît comprendre que Dieu n'a pas commencé. Il n'a pas de commencement ni de fin; Il est juste. Tout ce qui existe est sorti de lui.

Donc, ce que nous lisons dans le premier verset de la Bible n'est pas le commencement d'origine parce que la terre existait déjà à cette époque, et nous regardons à sa destruction.

Vous pouvez demander, "Comment était-ce possible? Destruction avant la création?"

Regardons ce que nous dit l'Écriture. Il fournit la réponse à "Qu'est-ce que l'homme?" et pourquoi Dieu nous a faits.

La Bible déclare: *"Au commencement, Dieu créa les cieux et la terre"* (Genèse 1:1). Le monde d'origine a été fait exactement comme lui, parfait dans toute sa splendeur.

La terre n'a pas été formé comme un désert,
mais a été crée juste aussi glorieux
que le ciel lui-même a été faite.

Il a toujours été le désir de Dieu que sa volonté soit faite sur la terre comme au ciel (Matthieu 6:10). En d'autres termes, le ciel et la terre doivent être en accord avec l'autre-fois fait la grandeur et la gloire.

Les Anges De Chute

Cependant, un événement cataclysmique survenu dans le beau monde que Dieu avait créé le monde, avant celle écrit dans la deuxième strophe de la Bible, où l'on trouve, «La terre était sans forme et vide» (Genèse 1:2).

Pourtant, avant que l'homme, avant même la lumière, la Bible décrit la chute de Lucifer dans le royaume de la terre. Nous apprenons que Dieu a dit qu'il était le *". . . un chérubin protecteur . . . Je t'avais placé et tu étais sur la sainte montagne de Dieu; Tu marchais au milieu des pierres étincelantes. Tu as été intègre dans tes voies, Depuis le jour où tu fus créé Jusqu'à celui où l'iniquité a été trouvée chez toi"* (Ézéchiel 28:14-16).

Satan a été faite dans la splendeur et la majesté de Dieu. Il était un ange musicien, le conducteur de louange du ciel. La Bible dit de lui: *«[Le] Exécution de tes tambourins et des tuyaux ton a été préparé en toi le jour où tu fus créé»* (verset 13). Quand le vent soufflait de Dieu à travers lui, il a présenté des mélodies pour le Tout-Puissant.

l'orgueil de Satan et de l'ambition s'est révélée être sa perte.

L'ecritures dit: *"Tu disais en ton coeur: Je monterai au ciel, J'élèverai mon trône au-dessus des étoiles de Dieu; Je m'assiérai sur la montagne de l'assemblée, A l'extrémité du septentrion; Je monterai sur le sommet des nues, Je serai semblable au Très Haut"* (Ésaïe 14:13-14). C'est à cause de cette hautaine, attitude arrogante, Dieu a déclaré: *"Mais tu as été précipité en enfer, aux côtés de la fosse"* (verset 15).

Lucifer, l'ange oint, ne parlent pas ces mots a haut voix. La Bible nous dit Satan a tenu ces pensées *"dans son coeur"* et le Dieu omniscient instantanément banni du ciel. Ainsi, à la surprise du diable, le prochain cru qu'il nourrissait était sur la terre.

UN MONDE STÉRILE

Quand Satan est tombé à terre, une confusion totale s'est déchaîné.

Comme il est enregistré dans le premier chapitre de la Genèse, après la chute de Lucifer, cette planète est devenu une vaste friche. Plus significatif encore, «*avait des ténèbres à la surface de l'abîme*» (verset 2).

Nous savons que le Tout-Puissant n'a pas créé les ténèbres, parce que l'Écriture nous dit: «*Dieu est lumière, et en lui point de ténèbres*» (1 Jean 1:5). Il n'y a qu'une seule conclusion: Dieu n'a pas de ténèbres pour se trouve de l'obscurité!

Nous savons que le Tout-Puissant n'a pas créé les ténèbres, parce que l'Écriture nous dit: «*Dieu est lumière, et en lui point de ténèbres*» (1 Jean 1:5). Il n'y a qu'un seule conclusion: Dieu n'a pas de ténèbres pour se trouve de l'obscurité!

Les mots hébreux pour «sans forme et vide» nous savons que la terre était stérile, lieu sans objet; un état de chaos sans ordre.

Dieu n'a pas fait de cette façon, mais c'est le résultat de la présence de Satan.

REPENSER LA TERRE

Vous pouvez demander, «*Qu'est-ce que ce verset [«Dieu est lumière, et en lui point de ténèbres»] à voir avec notre gène divine?*»

Cela nous ramène à découvrir pourquoi Dieu forma l'homme.

Le Créateur baissa les yeux sur les lieux et a pris la décision de réorganiser et de restructurer la terre à sa splendeur originale et la beauté.

Ensuite, nous rencontrons Dieu séparant la lumière des ténèbres et la nuit du jour. Il fait baisser les eaux, qui ont été au-dessus du firmament. Terres sèches apparaît, la végétation et d'arbres fruitiers au printemps dans la vie, et tout commence à se reproduire selon son espèce. Il y a une harmonie et l'ordre nouveau, les oiseaux volent, les poissons nagent, les étoiles brillent, la lune se lève pour le quart de nuit, et le soleil est au pouvoir de la journée.

Le monde est béni comme le Seigneur a ordonné qu'il soit.

Alors Dieu, dans l'ensemble de sa sagesse infinie, après qu'il a réorganisé sa terre, et il revint à sa splendeur d'origine, se dit, «Comment puis-je être sûr que ce que j'ai créé reste en harmonie et en accord?»

Comment puis-je faire certains il reste dans l'ordre et conserve la splendeur glorieuse que je voulais et manifeste Mon éclat et la gloire?

De son point de vue dans le ciel, Il voit Lucifer, un ange qui avait chite puait des ravages dans ce domaine. Pourtant, Dieu avait en train de restructurer tout à la manière dont Il a d'abord souhaité qu'il soit.

**«Le Créateur en question,
Comment puis-je être assuré
que ce ne se reproduise jamais?»**

REPONSE DU CHAOS

La réponse de Dieu dans la crise, la destruction et le désordre qui a sévi la planète Terre par la présence de Lucifer était le suivant: "Faisons l'homme" (Genesi 1:26).

Gloire à Dieu!

Cet homme voulait dire serait la réponse à tous les bouleversements de l'ennemi porté à la sphère terrestre. Ainsi l'homme a été placé ici pour gouverner afin qu'il puisse maintenir l'ordre, la beauté, la splendeur et la majesté qui est maintenant affiché.

La Bible dit, *"Et Dieu dit: Faisons l'homme à notre image, selon notre ressemblance, et qu'il domine sur les poissons de la mer, et sur toute la terre, et sous tous les reptiles qui rampent sur la terre"* (Genèse 1:26).

Notre Père céleste non seulement pris la décision de créer l'homme, mais de lui permettre d'avoir «domination» de gouverner et d'être l'intendant de la terre.

Pourquoi ce contrôle et de surveillance nécessaires? Il en est ainsi de l'ennemi (qui résidait maintenant sur la terre) ne pouvait plus détruire ce que Dieu a créé.

Cela signifie que l'une des raisons a été l'homme a été comme une punition de la révolte de Lucifer. Nous devons comprendre que lorsque Satan est tombé du ciel, il était ravi car il n'était plus soumis à la puissance administrante du Tout-Puissant. Rappelez-vous, il a toujours voulu être son propre Dieu, et sa révolte est exactement ce que lui valut chassé du ciel. Le Seigneur a dit: «Il n'en est pas comme moi» et le jeta.

Dans son nouveau domaine appelé la terre, Satan a commencé à établir son royaume, son ordre, son trône. Le résultat a été une totale confusion et le désordre. Pourtant, le diable était dans son élément car il était totalement en charge.

NOUVEAU MAÎTRE DE SATAN

C'est à ce moment Dieu intervient pour redessiner ce qu'il a fait. Il est prêt à créer l'homme et de lui donner le pouvoir de gouverner la terre comme Dieu règle le ciel.

Donc, une fois de plus, Lucifer est sur le point d'être subordonnées à nouveau avoir une autorité sur lui. Cette fois, il ne serait pas Dieu, son nouveau maître serait l'homme.

En essence, le Tout-Puissant a dit Satan, «Je vais vous enfermer dans un milieu de vie avec l'homme, et il aura de pouvoir sur vous, non seulement avez-vous une fois à me servir. Maintenant vous êtes tenu de le servir, vous vont être sous l'autorité de l'homme et la règle!"

Lucifer n'a pas échappé à la domination quand il a été interdit du ciel. Il a vite appris qu'il avait un nouveau maître sous la forme de l'homme.

Vous pouvez presque entendre le diable crier des cris quand il a entendu Dieu dire: "Faisons l'homme à notre image et à notre ressemblance."

Le concept de "l'image" traite de l'homme qui est et ce qu'il est, afin que Dieu soit manifestée en nous. En outre, nous avons été créés à son «image», traitant de la façon dont l'homme est de fonctionner de nouveau, comme le Père céleste, avec autorité et la domination."

Cela répond à la question de savoir pourquoi Dieu fait homme. Ce n'était pas seulement pour refléter l'image du Créateur, mais pour représenter le Père sur la terre.

«Représenter» est un mot composé. "Re" est un préfixe, et «présent» est ce qu'il est à faire. Donc, pour «re-présenter» Dieu est ce que l'homme était destiné à accomplir. Dans la création d'Adam, nous voyons Dieu étant présenté à nouveau. Le premier homme, était la re-présentation de Dieu."

Maintenant que la question "pourquoi" a été traitée, nous allons voir comment Dieu fait homme. C'est ici que nous commençons à puiser dans la gène Divine.

Chapitre Deux

LE «COMMENT»
DE LA DIVINITÉ

La Bible décrit la façon dont le Créateur a atteint dans la poussière de la terre pour faire de l'homme. S'il vous plaît comprendre que la poussière n'est pas l'homme, et non la forme le premier homme en serait.

Certaines personnes en uniforme ont tenté d'associer la couleur de la boue à la couleur de nos peaux de terre-blanc, brun poussière, la saleté jaune, la terre rouge, ou terre noire. Cette façon de penser mène au racisme et à d'autres divisions dans la société que les dissensions et les querelles cause.

La poussière que l'homme a été fait est tout simplement ordinaires de la saleté et la poussière nul est supérieur à tout les autres. Pour autant que je suis concerné, le racisme est l'incarnation de la bêtise.

Puisque la terre est physique, Dieu a utilisé une partie de celle de façonner un corps physique pour l'homme qui a habité sur cette planète.

Ensuite, le Créateur a pris ce qu'il avait fait, il souffla dans la narine de l'homme un souffle de vie. Et, à ce moment précis, l'homme devint une âme vivante.

DIVINITÉ DANS L'HUMANITÉ

Quelle image incroyable! Il y avait juste une touffe de terre gisant sur le sol, un cadavre d'argile, et Dieu libère son esprit à l'intérieur de cette terre et il vient miraculeusement en vie. L'homme commence à penser, marcher et parler, tous d'ici l'inspiration de ce que Dieu a insufflé en lui.

- Cela conduit à la conclusion inévitable qu'il y est la divinité dans l'humanité:
- L'humanité est le côté naturel de l'homme-il a un corps.
- La divinité est le côté esprit de l'homme—il a la nature et la vie de Dieu.
- Comme on le voit ce Dieu-homme qui marche autour de la terre, il est «l'homme-nature» qui a été créé.

COURONNEMENT DE DIEU

Envisager la question de David une fois de plus. Il demande: "Quand je contemple les cieux, l'ouvrage de tes mains, la lune et les étoiles que tu as crées: Qu'est-ce que l'homme, que tu te souviennes de lui?" (Psaume 8:3-4).

Si le psalmiste compris la majesté véritable de l'homme, il aurait compris que les étoiles ne sont rien comparé à ce que le Tout-Puissant formé de la poussière, et que l'homme est le sommet de la création de Dieu.

**Nous sommes le couronnement
de tout ce que Dieu est.**

Tout ce que nous voir, si c'est le soleil, la lune, les étoiles, les sommets enneigés des montagnes, des vallées, des ruisseaux, des lys, des roses qui fleurissent-toutes ces merveilles sortent de l'esprit de Dieu.

Mais quand vous voyez l'homme, que tu regardes à une création spéciale, quelque chose qui ne s'est pas contenté de printemps de l'esprit de Dieu, plutôt, le Tout-Puissant mettre son esprit en l'homme! Et c'est ce qui nous sépare de tout autre création.

Nous sommes l'esprit de Dieu sur cette terre, la prise en charge de cette planète comme il le ferait.

Psaume 8:5 parle de la façon dont nous avons été "un peu inférieur aux anges." Dans le texte hébreu, le mot «anges» est écrit que Dieu-l'un des noms que nous utilisons pour caractériser Dieu. Donc, l'Écriture se lit en fait, "vous avez fait de lui un peu plus que vous-même."

Encore une fois nous voyons la révélation de la divinité, que l'homme a été divine. Permettez-moi de vous rappeler, nous ne sommes pas Dieu, mais nous sommes faits à l'image et la ressemblance du Créateur.

PARTICIPANTS DE LA DIVINÉ

Quand la Bible dit que Dieu insuffla dans Adam le souffle de vie, cela signifie que le Tout-Puissant a publié son esprit ou sa nature à l'intérieur de lui, ce qui signifie l'homme a été créé pour mener à la nature de Dieu.

Nous trouvons la vérité supplémentaires à ce sujet dans le Nouveaux testamentaire. L'apôtre Pierre écrit: *"selon que sa divine puissance nous a donné à toutes les choses qui se rapportent à la vie et la piété, par la connaissance de celui qui nous a appelé à la gloire et la vertu: où sont Donne-nous plus de grandes et précieuses promesses: que par elles vous deveniez participants de la nature divine (2 Pierre 1:3-4)."*

**Il a toujours été la volonté de Dieu
pour l'homme de faire partie de la divinité.
Dans l'esprit et le but du Père,
il est la raison fondamentale de notre création.**

Malheureusement, la plupart des gens ne marchent pas dans leurs gènes Divine comme ils le devraient parce qu'ils ne se considèrent pas comme le Créateur a voulu. Divine signifie simplement que ce qui est attribué à Dieu ou les attributs de Dieu. Par conséquent, on perd la divinité en nous et ne vivent que dans notre humanité, nous amenant à une existence qui est plus faible que ce que Dieu nous a appelés en à demeurer.

CAPTURE LE SOUFFLE DE DIEU

Regardons de plus près quelques-unes des caractéristiques de la nature divine de l'homme.

Comme nous l'avons vu, le premier homme a été créé à l'image de Dieu, et avait la nature du Père. Adam n'a pas besoin d'une Bible ou un cours d'école du dimanche. Il n'a jamais fréquenté une école de théologie ou d'une université. Au lieu de cela, la nature de Dieu était tout simplement téléchargé dans son homme intérieur.

**Lorsque le Seigneur souffle sur vous,
plus est pris que ce qui est enseigné!**

Je crois que lorsque nous commençons à marcher en communion avec Dieu comme Il a conçu pour nous faire, nous "attraper" par un transfert de gène divine, ce qui ne peut jamais être enseignée dans une église. Et telle est la volonté de Dieu pour nous. Nous savons par l'Écriture que lorsque le Seigneur et Adam avait communion ensemble, ils ont une relation divine.

Souvent, j'entends des gens dire que l'homme a été créé pour adorer Dieu. Si cela est vrai, une raison encore plus élevé de notre création était si on pouvait marcher dans la fraternité et la communion avec notre fabricant.

DEUX MEME ESPECE

Toutefois, afin d'avoir des relations qu'il doit y avoir deux types. La racine du mot «relation» est rapportent. Ainsi, il est d'usage de se rapporter à une autre, qui exige que nous soyons du même genre. Par exemple, je ne peux pas avoir une vraie relation avec une autruche ou un chameau, car il y a trop de différences.

Cette séparation n'existait pas entre Dieu et Adam, parce que le premier homme a été à son image. Nous les trouvons parler ensemble "dans la fraîcheur du jour" (Genèse 3:8).

Le mot hébreu pour "frais du jour" est le même que "le vent" ou "souffle" ce que Dieu a insufflé en Adam. Cela signifie que deux d'entre eux a parlé d'esprit à esprit. Ils étaient dans une dimension où ils ont pu mettre en relation un à un autre souffle à souffle, et c'est ainsi que Adam a été capable de marcher avec Dieu.

OBJECTIF DU MAL DE SATAN

Malheureusement, nous connaissons l'histoire tragique de la chute de l'humanité, quand Adam et Eve ont été trompés par Lucifer, l'ennemi juré de Dieu, qui est apparu dans le jardin d'Eden sous la forme d'un serpent. Il n'avait qu'un seul objectif: de faire tomber l 'homme, de l'Etat d'être à l'image et la ressemblance de Dieu. C'est alors la pensée du diable, lui permettrait de fonctionner dans le domaine de la terre une fois de plus sans un seigneur ou maître.

Son plan était d'inciter Adam à abdiquer son trône par le péché contre Dieu.

Satan savait par expérience que le péché serait cause de l'homme à perdre son poste.

Son plan diabolique a fonctionné!

En succombant au régime du diable, non seulement Adam perdre son autorité sur la terre, il a également perdu sa dimension divine.

Maintenant, quand le Seigneur vint à pied dans le jardin, Il a appelé à Adam, *où es-tu?* (Genèse 3:9).

Bien sûr, Dieu savait exactement où était Adam. Mais à cause de la transgression, ils ne sont plus l'esprit de parler à l'esprit, le souffle de la respiration. Adam ne marchait pas dans la dimension Dieu a destiné. C'est pourquoi le Seigneur a demandé où il était.

LE GLISSEMENT VERS LA DÉCADENCE MORALE

Adam possédait encore un corps et âme, mais il était tombé de la divinité à l'humanité. Oui, il a continué à avoir un esprit, mais ce n'est plus celui qui a été divine. Son esprit, les émotions et l'intellect sont encore en fonctionnement, cependant, il a perdu le gène de Dieu.

Ainsi, nous voyons la naissance de la nature adamique. Au lieu d'être né avec des attributs de Dieu, nous trouvons l'humanité aujourd'hui reléguée à la vie sous la nature divine de Dieu.

Comme Lucifer, l'homme avait glissé dans un état d'exister sans gène de Dieu. Cela a commencé la régression dans la décadence, la dépravation et la décadence morale, génération après génération. Comme vous avez lu l'Ancien Testament, nous voyons comment les hommes et les femmes s'étaient détournés de leur créateur. Pas plus qu'ils ont été le vrai "fils de Dieu."

"Fils" est le mot grec genos, qui signifie que ceux qui portent les gènes d'un père. Et si l'humanité n'a plus les gènes de Dieu. Ils ont perdu le gène Divine. En conséquence, assassiner, l'envie, le viol, les abus, l'homosexualité, la peur, la colère et l'amertume sont au pouvoir de la société."

RE-APPARITION DU GÈNE DE DIEU

Passons rapidement à quarante-deux générations plutard. Dieu avait un plan pour obtenir son gène dans l'homme, et chaque fois je pense à cette verite, que je veux crier, Alléluia!

La Bible déclare que Jésus-la-genos avec son gène du Père, venu dans le royaume terre par une vierge, dans le but de permettre aux gènes de Dieu à entrer de nouveau l'homme.

Jésus n'a pas seulement été envoyé pour que nous puissions trouver un moyen de s'échapper et entrer dans le ciel, mais il est descendu sur terre pour littéralement lieu la divinité du Père à l'intérieur nous. Pourquoi? Donc, on pourrait une fois de plus la règle de la terre, comme les règles de Dieu des cieux, et nous serions à nouveau être en relation avec le Tout-Puissant d'esprit à esprit-être de vrais représentants de Dieu sur la terre.

Je suis sûr que nous connaissons tous l'histoire du Calvaire, mais ce n'est pas mon propos ici de présenter les explications théologiques et scripturaires de la mort, l'ensevelissement et sa résurrection. Cependant, nous devons comprendre que, lorsque Jésus est ressuscité des morts, Il a vaincu la mort.

Quand Christ est mort, Il n'a certainement pas cessé d'exister. Il était un état d'être. La Bible déclare que Jésus a pris sur Lui le péché, et non des habitudes ou des mauvaises actions, mais est allé à la croix avec la nature même du péché, qui a été la nature adamique.

Ce qui s'est passé au Calvaire a été le grand échange. Christ, qui avait la nature divine, il l'a retiré et placé sur Lui notre chair, la nature adamique, même s'il n'a jamais péché.

Jésus a porté la mort à la croix. Le père avait à se détourner de son fils, parce que personne ne peut se tenir devant Dieu avec une telle nature.

Écriture déclare que le Christ a porté *"nos péchés en son corps sur l'arbre, que nous, morts aux péchés, doit vivre jusqu'à la droiture"* (1 Pierre 2:24).

LA NATURE DE DIEU DE LA VIE

Le Fils de Dieu n'a pas péché, mais il a pris notre transgression au Calvaire. Il est mort comme un pécheur, et donc il a eu accès aux enfers du pécheur (Actes 2:31). Mais le troisième jour, Dieu était convaincu que le prix de la nature du péché était convaincu que dans le milieu de l'enfer recoive de nouveau la nature divine de Dieu et a été le premier né de mort à la vie.

En cela, si nous le recevons par la foi, Il nous donne le droit de maintenant seront appelés fils de Dieu.

Cela porte un nouveau sens à cette affirmation puissante: *"Car Dieu a tant aimé le monde, qu'il a donné son Fils unique, afin que quiconque croit en lui ne périsse point, mais ait la vie éternelle"* (Jean 3:16).

L'expression «vie éternelle» en grec est le mot zoe—qui signifie «le bon Dieu de la vie." C'est pourquoi Jésus est venu à la terre et a enduré l'agonie de la croix.

Le miracle qui a lieu dans l'expérience né de nouveau est la même chose que de Jésus. Nous échangeons notre nature adamique et l'esprit pour le gène divine de Dieu.

Avec l'infusion de Dieu respiration retour en nous son caractère et sa personnalité, nous commençons une fois de plus pour apprendre à marcher et vivre dans la nature divine de Dieu.

Par le miracle de la naissance de nouvelles, nous qui avaient perdu gène de Dieu, il reçoit en retour afin que nous puissions recommencer à vivre comme Dieu. Quelle révélation glorieuse et de la vérité!

LE SPHÈRE SURNATURÈL

S'il vous plaît ne pas venir à la conclusion que d'être divine signifie que vous allez marcher sur les nuages ou de l'expérience une existence mystique. Non, Dieu ne vous rend pas seulement comme un esprit, Il ne veut pas que vous soyez invisible comme les anges, ou se déplacez à la vitesse de la lumière. Pas du tout! Il vous a fait divine sous forme humaine, parce qu'il veut pour que vous fonctionnez dans une existence terrestre.

Permettez-moi de l'expliquer de cette façon. Dieu désire que vous soyez naturel (votre humanité), mais sans s'y limiter seulement le milieu naturel, alors il ajoute le "superieux" qui est votre divinité, afin que vous puissiez être "surnaturel."

Par conséquent, nous sommes en mesure de fonctionner dans les domaines physiques et naturelles, mais ne sont pas liés par ces. Nous sommes également dans un domaine qui est spirituel afin que nous puissions entendre de Dieu et de voir comme il voit-devenir un être surnaturel.

MANIFESTATION DE L'AMOUR

Pour comprendre votre gène divine que vous avez à comprendre les qualités inhérentes à votre Père céleste.

La Bible donne la réponse quand il nous dit: *«Mais le fruit de l'Esprit est charité, joie, paix, la patience, la bonté, la fidélité, la douceur, la tempérance: contre de telles n'y a pas de loi»* (Galates 5:22-23).

Ce ne sont pas différentes sélections de fruits, ils sont plutôt un avec plusieurs tranches, tout comme une orange.

Ceux qui sont énumérés ci-dessus sont toutes des manifestations d'un seul fruit, L'amour. La nature et le gène de Dieu est l'amour, mais il semble être la chose chrétiens ont le plus de difficultés. Pourquoi? Parce que l'apprentissage de l'amour est plus physique ou émotionnelle. Bien sûr, il se sent impliqué, mais le véritable amour est spirituel.

CE N'EST PAS UN "CHOSE"

Lorsque vous étudiez les Écritures, on découvre que l'amour n'est pas un chose, amour est une «personne». La Bible nous dit clairement que «Dieu est amour» (1 Jean 4:8). Lui et qui est amour a donné sa gène en nous.

**Par le salut, ce qui est de Dieu
devient nôtre, tant d'amour
fait désormais partie de notre nature.**

Écriture explique, "L'amour est patient, l'amour est bon, l'amour n'est pas envieux; l'amour ne se vante point, n'est pas gonflé; ne pas malhonnête, ne cherche pas son propre, n'est pas provoqué, pense aucun mal, ne se réjouit pas iniquité, mais il se réjouit dans la vérité; excuse tout, croit tout, espère tout, endure tout" (1 Corinthiens 13:4-7).

Ce miroir a de ce que nous lisons dans Galates 5, et il renforce les faits que l'amour est la nature divine de notre Père céleste:

- Dieu guérit parce qu'il aime.
- Dieu délivre parce qu'il aime.
- Dieu guide parce qu'Il aime

**C'est à cause de l'amour infini
que le Seigneur instruit, reproches,
encourage, et châtie, même nous.**

Oh, pour la journée les enfants de Dieu commence à marcher dans la nature de son amour et de réaliser qu'il est plus qu'un dîner aux chandelles ou un bouquet de roses.

UNE NOUVELLE PERSPECTIVE

Quand la nature véritable du Seigneur devient le nôtre, nous allons commencer à avoir le point de vue du Tout-Puissant. Jésus a proclamé: *"Un commandement nouveau que je vous donne, c'est de vous aimer les uns les autres"* (Jean 13:34). Et il a ajouté: *«A ceci tous connaîtront que vous êtes mes disciples, si vous avez de l'amour les uns aux autres»* (verset 35).

Ce n'est pas un message populaire parce que nous vivons à une époque où la Bible déclare: *"l'amour du grand nombre se refroidira"* (Matthieu 24:12).

Dans notre état naturel, charnel, nous sommes réticents à l'amour, d'encourager, être patient, doux, lent à la colère, ou expose la maîtrise de soi. Mais le plus grand appel à un croyant est de marcher à l'image de Dieu un représentant sa nature divine sur la terre.

Êtes-vous portant sa voix?

Chapitre Trois

LE «QUI» DE LA DIVINITÉ

Dans les deux premiers chapitres, nous avons mis à zéro dans l'un des «pourquoi» et «Comment» de la divinité, mais notre gène divine ne serait pas possible sans un «qui».

Il est seulement à cause de la nature divine de Dieu que nous pouvons posséder les attributs et les qualités du Créateur. Par le Christ, nous avons une lignée au Père qui prouve que nous sommes un enfant des Rois.

Il y a un vieux dicton qui dit, "La preuve est dans le flan" et nous prouver que nous avons une sang royal qui coule dans nos veines par la façon dont nous avons été miraculeusement transformé. Comme le dit l'Écriture, «Si donc quelqu'un est en Christ, il est une nouvelle créature: les choses anciennes sont passées; voici, toutes choses sont devenues nouvelles» (2 Corinthiens 5:17).

Nos gènes ancienne n'est plus pertinente, car elle a été remplacée par le sang du Christ. Nous ne sommes pas transformés par ce que nous pensons ou disons plutôt que nous sommes de nouvelles créatures, ce qui signifie une partie d'entre nous a été divinement changé.

ÉCHAPPER AU PASSÉ

Le fait que nous avons subi une «transfusion de sang» spirituelle qui nous rend héritiers légaux de tout dans le royaume de Dieu. *"L'esprit lui-même rend témoignage à notre esprit, que nous sommes les enfant de Dieu: Et si les enfants, nous sommes aussi héritiers: héritiers de Dieu, et cohéritiers de Christ "*(Romains 8:16-17).

La lutte la plupart des croyants ont le tiraillements constants entre son humanité et sa divinité. Le problème existe parce que le passé est si difficile d'échapper.

Avant que nous sommes nés de nouveau, notre ancienne nature nous contrôlé. Donc: Nos esprits pensée.

- Notre volonté a décidé.
- Nos émotions ressenties.
- Notre imagination visualisées.
- Notre corps rêvé.

Que faisions-nous penser, de décider, de sentir, de visualisation et de soif? Ces choses qui étaient charnels et avait été planté en nous par le lavage de cerveau de Lucifer.

Nous ne sommes pas différent de celui d'Adam.
Lorsque nous avons perdu la nature de Dieu,
il avait pas d'autre source de s'appuyer
sur l'exception de l'ennemi.

Alors, quand le premier homme déconnecté du Créateur, il est branché à droite dans Satan et nous savons que les résultats tragiques.

La décision d'Adam affecte encore vous et moi. Oui, nous sommes nés de nouveau et ils ont maintenant gène divine dans le cadre de notre nouvelle nature, mais nos esprits ont passé des années et des années d'être exposé à la méchanceté. C'est pourquoi l'apôtre Paul nous dit: *"Et ne vous conformez point à ce monde, mais soyez transformés par le renouvellement de votre esprit, afin que vous discerniez quelle est la bonne, agréable et parfaite volonté de Dieu"* (Romains 12:2).

TEMPS DE S'ABSTENIR

Quel est votre rôle dans ce processus de changement?

- Vous avez d'entraîner votre esprit à penser.
- Vous devez recycler vos émotions à ressentir.
- Vous avez à recycler votre volonté d'agir ou de décider.
- Vous avez d'entraîner votre corps avec des appétits et des désirs nouveaux.

Vous ne pouvez plus se comporter comme vous l'avez fait quand vous étiez contrôlée par votre nature adamique.

La Bible nous recommande: *«marcher selon l'Esprit, et vous n'accomplirez pas les désirs de la chair, car la chair convoite contre l'esprit et l'esprit contre la chair:. Et ceux-ci sont contraires l'un à l'autre: de sorte que vous ne pouvez pas faire les choses que vous voudriez»* (Galates 5:16-17).

Lire ces versets souvent. Ils sont puissants!

BIEN CONTRE LE MAL

Il y a une bataille féroce qui fait rage. Nos gènes divine est en guerre contre le résidu de notre vieille nature. Nos pensées avant, l'arrogance, la peur, l'orgueil et une liste interminable de comportements négatifs-sont dans un combat mortel avec la divinité qui est en nous de nouvelles.

Paul avoué quand il écrit:

Car nous savons que la loi est spirituelle: Apotre Paul dit, mais je suis charnel, vendu au péché. Pour ce qui je fais, je ne permettent: pour ce que je, que n'ai-je pas, mais ce que je déteste, que je fais.

Si donc je fais ce que je ne voudrais pas, je le suis pour le consentement de la loi qu'il est bon. Maintenant ce n'est plus moi qui le fais, mais le péché qui habite en moi. Car je sais qu'en moi (c'est-à-dire dans ma chair,) il n'habite point de bien, car la volonté est présente avec moi, mais la façon d'effectuer ce qui est bien je ne trouve pas.

Pour le bien que je ferais-je pas: mais le mal que je ne voudrais pas, que je fais. Maintenant, si je fais ce que je ne serait pas, ce n'est plus moi qui le fais, mais le péché qui habite en moi. Je trouve donc cette loi, que, quand je veux faire le bien, le mal est attaché à moi.

Car je prends plaisir dans la loi de Dieu selon l'homme intérieur: Mais je vois une autre loi dans mes membres, qui combat contre la loi de mon entendement, et qui me rend captif de la loi du péché qui est dans mes membres.

O malheureux homme que je suis! Qui me délivrera du corps de cette mort? Je remercie Dieu par Jésus Christ notre Seigneur (Romains 7.14-25).

Pourtant, après toute cette quête de son âme, Paul a pu déclarer: *«Il n'y a donc maintenant aucune condamnation pour ceux qui sont en Jésus-Christ, qui marchons, non selon la chair, mais selon l'Esprit»* (Romains 8:1).

TRAVAUX DE LA CHAIR

La Bible a beaucoup à dire sur le combat spirituel, mais il est plus sur l'adamique que le démoniaque. Si fait, Satan besoins péché originel pour fonctionner. La bataille que nous personnellement visage est entre le résidu de ce qui reste de nos âmes et des corps qui se bat contre notre nouvelle, auto divine.

**Le "travail de la chair" continue
à nous tourmenter parce qu'après qu'Adam
a perdu la nature de Dieu il est tombé
sous le pouvoir de Lucifer qui l'utilise
pour réaliser son désir diabolique sur la terre.**

Cette connexion continue dans l'homme à ce même jour et seulement par la nouvelle naissance font nous avons une chance de s'évader.

La Sainte Écriture nous prévient *"les oeuvres de la chair sont manifestes, ce sont l'impudicité, l'impureté, la dissolution, l'idolâtrie, la magie, les inimitiés, les querelles, les jalousies, les animosités, les disputes, les divisions, les sectes, l'envie, l'ivrognerie, les excès de table, et les choses semblables. Je vous dis d'avance, comme je l'ai déjà dit, que ceux qui commettent de telles choses n'hériteront point le royaume de Dieu. Mais le fruit de l'Esprit, c'est l'amour, la joie, la paix, la patience, la bonté, la bénignité, la fidélité, la douceur, la tempérance"* (Galates 5:19-22).

Toutes les tendances de la chair résident dans la nature nous avons été supportés. Je ne dis pas que chaque homme ou femme qui n'a pas connu la nouvelle naissance commettront l'adultère, mais l'inclination est débridée sans la conscience de Dieu qui vient avec notre salut.

VIE ÉTERNELLE MAINTENANT

La raison que Jésus a dite à Nicodemus, 'Vous devez être nés de nouveau' (John 3:7), est parce qu'Il a vu le commencement à partir de la fin. Jésus savait que si notre caractère reste dans l'Etat de l'Adamic sous l'influence du diabolique, c'est seulement une question de temps avant que le péché devient le manifeste et les vies sont détruites.

Bien que le ciel soit notre maison éternelle et notre espoir béni, il y a d'énormes avantages au né connaissent de nouveau pour ici et maintenant.

Permettez-moi de l'exprimer une autre voie : la vie éternelle n'est pas ce que vous recevez quand vous arrivez au ciel, vous devez avoir la vie éternelle pour aller là. C'est un préalable pour marcher par les portes de perle.

On ne permet pas sans la nature de Dieu d'approche à un individu à la ville éternelle. Étant né nous donne de nouveau l'admission au ciel, il est aussi nécessaire donc nous ne faisons pas d'épave de nos vies pendant qu'ici sur la terre.

NÉ DANS LE PÉCHÉ

Le but de Satan est de secouler, tuer et détruire (Jean 10:10). Il conspire les projets pour nous avoir attaché et contrecarré par la dépression, la peur, la haine, la honte, les mauvais désire et la perversion.

Ce n'était jamais la volonté de Dieu pour vous et moi pour vivre comme cela, mais à cause de la transgression originale dans le Jardin d'Éden, nous avons été tous nés dans le péché et se durcissent dans l'iniquité (le Psaume 51:5).

Vous pourriez avoir la plus belle fille pour qui n'importe quel père pourrait demander. Mais à l'intérieur de toute sa beauté, à cause d'Adam, elle a été créée avec une nature coupable :

- Vous ne devrez pas lui enseigner comment dit des mensonges.
- Vous ne devrez pas lui enseigner sa désobéissance.
- Je ne devrai pas enseigner sa fierté.
- Vous ne devrez pas enseigner son arrogance.

Toutes ces choses sont actives et présentes dans chaque personne à la naissance parce que chacun d'entre nous est entré dans ce monde à l'extérieur de la nature divine de Dieu.

**Seulement le remboursement par Christ
peut effacer le péché nous avons été supportés
et nous donnons le gène nouveau, divine.**

LE DISSAPOINTMENT DE DIEU

Après que l'homme a perdu la divinité et l'image de Dieu, sa nature est allée folle. Je peux voir le dissapointment dans l'expression du Créateur comme Il regarde en bas et voir l'homme agir comme les animaux, la réalisation les méchants plans de Lucifer.

Les dossiers de Bible "L'Éternel vit que la méchanceté des hommes était grande sur la terre, et que toutes les pensées de leur coeur se portaient chaque jour uniquement vers le mal. L'Éternel se repentit d'avoir fait l'homme sur la terre, et il fut affligé en son coeur" (Genèse 6:5-6).

C'est pourquoi Dieu a envoyé l'inondation—parce que l'humanité n'était plus la réalisation la raison pour laquelle il a été créé. Pourquoi l'homme a-t-il été placé ici? Réaliser le but de l'Omnipotent.

UNE NOUVELLE RÉPONSE

La réponse aux travaux de la chair doit accueillir et l'étreinte le fruit de l'Esprit que nous avons discuté plus tôt (Galatians 5:22-23).

Ceux-ci sont naturellement, intrinsèquement plantés dans le coeur, l'esprit et l'âme d'une personne qui est née de nouveau—qui a reçu la nature divine de Dieu qu'Il avait toujours l'intention pour nous d'avoir. "Le fruit" devient votre nouveau moi.

Puisque l'amour n'est pas vivant dans nous, nos actions sont différentes aujourd'hui qu'ils étaient hier. Par exemple, quand j'entends dire que deux croyants se chamaillent et incapables de partir, il me dit qu'un d'entre eux ne marche pas dans leur divinité.

La désunion fait partie du "vieil homme"—la chair.

Je suis convaincu que la raison nous nous battons dans le Christianisme avec le divorce, les déchirures d'église et les divisions même de race, est parce que les croyants ne leur opèrent pas dans la divinité disponible.

Quand vous comprenez vraiment que vous êtes faits dans la ressemblance de Dieu, il sera naturel d'aimer le non sympathique et pardonner celui qui ne mérite pas de pardon.

- Comment répondrez-vous quand les gens vous maltraitent?
- Que direz-vous quand ils bavardent ou vous traînent?
- Et si vous êtes profités dans une transaction d'affaires?

Votre ancien moi vous dira de se démener et réagir n'importe quelle façon que vous pouvez. Mais maintenant vous êtes une nouvelle création, avec l'amour au coeur de votre esprit. Donc votre réponse est différente.

Cela ne doit pas dire que vous serez passifs ou disposés à être maltraités. C'est loin de la vérité.

UNE RÉPONSE CALME

Il y a des individus qui rationalisent et disent qu'ils restent dans une situation offensante à cause de l'amour. Ce n'est pas l'amour—parce que ce n'est pas le caractère de Dieu pour abuser ou être abusé.

Jésus a-t-il permis aux gens d'abuser de Lui? Pas du tout.

Quand les critiques les plus durs du Seigneur se sont rassemblés autour de Lui avec leurs questions furieuses, Il n'a pas répondu par la colère, mais avec un repos, en aimant l'esprit.

Un matin, pendant que Jésus enseignait dans le temple, les scribes et les pharisiens lui ont apporté une femme qui a été accusé de l'adultère. Comme les dossiers de Sainte Écriture :

Mais, dès le matin, il alla de nouveau dans le temple, et tout le peuple vint à lui. S'étant assis, il les enseignait.

Alors les scribes et les pharisiens amenèrent une femme surprise en adultère; et, la plaçant au milieu du peuple, ils dirent à Jésus: Maître, cette femme a été surprise en flagrant délit d'adultère.

Moïse, dans la loi, nous a ordonné de lapider de telles femmes: toi donc, que dis-tu? Ils disaient cela pour l'éprouver, afin de pouvoir l'accuser. Mais Jésus, s'étant baissé, écrivait avec le doigt sur la terre.

Comme ils continuaient à l'interroger, il se releva et leur dit: Que celui de vous qui est sans péché jette le premier la pierre contre elle. Et s'étant de nouveau baissé, il écrivait sur la terre. (Jean 8:2-8)

Ce qui a commencé comme une confrontation mise fin avec les critiques partant calmement discrètement—avec beaucoup sur leurs esprits pour retourner dans sa tête et penser.

JOIE ET PAIX

D'autres attributs de notre "nouvel homme" produisent les mêmes résultats positifs. C'est maintenant ma nature pour être joyeux, donc la joie n'est pas un sentiment, c'est une force spirituelle—la partie du gène divin de Dieu.

C'est aussi vrai quant à la paix. Marcher dans la vraie paix ne dépend pas de ce qui vous arrive, c'est un travail de l'esprit qui est planté dans vous. Par conséquent, en marchant dans cette vérité vous ne devriez jamais être faits s'entrechoquer par la situation faisant rage autour de vous.

**Votre vie sera gardée de l'agitation,
le trauma et la tension.**

Les promesses de mots, "et la paix de Dieu, qui surpasse toute intelligence des hommes; gardera vos coeurs et esprits par Christ Jésus" (Phillipians 4:7).

"JE NE VAIS PAS PANIQUER!"

Avec votre nouvelle nature, quand la tête de coups de problème—sur vous peut être à vos pieds, relancent vos épaules et disent avec confiance, "je ne vais pas paniquer!" Vous même n'avez pas besoin d'essayer de fixer la situation dans votre propre force.

C'est possible à cause ce qui est survenu dans votre coeur et âme. Évidemment, la bataille que nous avons discutée plus tôt continuera à être luttée. Votre vieil homme charnel chuchotera dans votre oreille, "Vous seriez mieux inquiétés!" Vous ne sortirez jamais de ce désordre!

Le but de l'ennemi est de faire vos émotions réagir de même qu'ils ont fait pendant les années vous vous êtes laissés influencer et vous êtes entraînés par ce qui est diabolique. Donc vous affrontez le Satan et dites, "Non! J'ai la paix de Dieu!"

Le nouveau vous est aussi patient, parce que l'amour ne prend pas de note de méfaits (1 Corinthiens 13:5).

**À cause de ce changement stupéfiant,
le pardon, la gentillesse, la douceur
et l'autodiscipline font partie maintenant
de votre style de vie.**

Ces qualités ont été greffées dans votre gène divin donc vous pouvez vivre comme Dieu chrétien destiné vous pour être.

LE CONSOLATEUR

Juste avant Jésus a quitté cette terre et ascende en arrière au ciel pour s'asseoir à l'assistant du père, Il a donné cette promesse: *"Et moi, je prierai le Père, et il vous donnera un autre consolateur, afin qu'il demeure éternellement avec vous,* l'Esprit de vérité, que le monde ne peut recevoir, parce qu'il ne le voit point et ne le connaît point; mais vous, vous le connaissez, car il demeure avec vous, et il sera en vous. Je ne vous laisserai pas orphelins, je viendrai à vous. Encore un peu de temps, et le monde ne me verra plus; mais vous, vous me verrez, car je vis, et vous vivrez aussi" (Jean 14:16-19).

Et Il a ajouté, *"Mais le consolateur, l'Esprit Saint, que le Père enverra en mon nom, vous enseignera toutes choses, et vous rappellera tout ce que je vous ai dit."* (Jean 14:26)

L'Esprit Saint a vraiment apparu et est ici sur la terre à l'instant même et se promène le long du côté vous comme le conseiller, l'enseignant et le guide. Il est aussi "dans vous" le fait d'apporter des choses "à votre souvenir" en vous fournissant le bon sens et la compréhension. Même plus, on nous a donné le "pouvoir de l'Esprit de sur haut" (Luc 24:49).

C'est pourquoi nous pouvons vivre avec la force, le courage et faire face à n'importe quel défi. Souvenez-vous, "Dieu ne nous avait pas donné l'esprit de peur; mais du pouvoir et de l'amour et d'un esprit solide" (2 Timoté 1:7). Cela signifie qu'il n'est pas dans notre gène pour être effrayant ou timide, plutôt être fort dans le Seigneur et courageux, parce que "le vertueux et audacieux comme le lion" (les proverbes 28:1). Nous ne devons jamais oublier que notre Père céleste est le Lion de la tribu de Judah (la Révélation 5:5).

Gloire à Dieu!

MENÉ PAR L'ESPRIT

Le prophète Ésaïe présente les caractéristiques du Messie venant quand il écrit,

L'Esprit de l'Éternel reposera sur lui: Esprit de sagesse et d'intelligence, Esprit de conseil et de force, Esprit de connaissance et de crainte de l'Éternel. (Ésaïe 11:2)

Parce que nous avons accepté le fils de Dieu par la foi et nos coeurs ont été nettoyés par Son sang, ces choses sont maintenant fait partie dans ce que nous sommes, qui nous donne la capacité divine de couler et fonctionner dans les cadeaux surnaturels de l'esprit.

Puisqu'un des cadeaux manifestés dans vous est la connaissance, les capacités de savoir, faire non ignoré que cela veut dire d'être "mené par l'esprit." Quelquefois il peut venir un pressentiment, une intuition, ou un enregistrement de votre esprit qui donne un avertissement. Il fait partie de notre nature divine que nous devrions écouter et obéir.

VOUS RÉFLÉCHISSEZ QUI IL EST

Vous et moi avons été faits dans l'image de Dieu et la ressemblance et nous sommes Ses fils et filles. Vous avez été produits de Ses gènes, encore le fils n'est jamais plus grand que le Père. Ainsi à lui la majesté, l'honneur, le dominion et le pouvoir. Même plus, comme un croyant, vous partagez de Sa nature divine et réfléchissez qui Il est.

Soyez reconnaissants chaque jour que vous vous êtes personnellement rencontrés "le" qui de la divinité—Dieu le Père, Dieu le Fils et Dieu l'esprit Saint.

DEUXIÈME PARTIE
La Dignité

Chapitre Quatre

Vous Êtes

COURONNÉ DE GLOIRE

A partir du moment de notre salut, nous devons nous réjouir tous les jours que nous avons eu la divinité de Dieu lui-même. En plus, nous avons reçu une deuxième grand bénédiction du Tout-Puissant. Bien que nous n'ayons pas le demander, le Seigneur nous a donné la dignité.

Afin de mieux comprendre cette révélation, regardons à nouveau les paroles du psalmiste: «*Qu'est-ce que l'homme, que tu te souviennes de lui? et le fils de l'homme, que tu le visites? Car tu as fait de peu inférieur aux anges, et tu l'as couronné de gloire et d'honneur*» (Psaume 8:4-5).

Comme cela est étonnant! Une couronne brillante désignant la gloire et l'honneur a été placé sur la tête.

UN PARADIS DES RICHES

Pour bien saisir l'importance de ce don, nous devons regarder de plus près ce qui s'est passé au début des temps. Après que Dieu forma l'homme de la poussière de la terre, il souffla dans ses narines, il devint un être vivant. Nous trouvons ensuite Adam être introduit dans un lieu de gloire et d'honneur.

Comme l'Écriture chroniques:

Le Seigneur Dieu planta un jardin en Éden, vers l'est, et il y mit l'homme qu'il avait formé. Et sur le terrain l'Éternel Dieu fit pousser tous les arbres qui sont agréables à voir et bons à manger. L'arbre de vie était également dans le milieu du jardin, et l'arbre de la connaissance du bien et du mal.

Un fleuve sortait d'Eden pour arroser le jardin, et de là il se séparèrent et est devenu quatre rivière. Le nom du premier est Pischon; c'est celui qui longe tout le pays de Havila, où se trouve l'or. Et l'or de ce pays est bon. Bdellium et la pierre d'onyx (Genèse 2:8-12 LSG).

Dieu n'a pas seulement donné à Adam et Eve dans un jardin parfait pour vivre, Il leur a également la chance d'incroyables richesses-terre remplie de pierres précieuses et d'or.

Cela nous dit que l'homme n'a pas été faite pour acquérir des richesses, mais à la richesse! C'était son dès le début.

Un ami, cela fait partie de votre gène divine. L'abondance du monde vous a été donné au début.

UN FARDEAUX GLORIEUX

C'est excitant de savoir ce que cela signifie d'être couronné de gloire et d'honneur. La gloire est le kabode mot hébreu qui est traduit pour avoir quelque chose sur vous qui est lourd.

Alors, quand la Parole de Dieu nous dit que la gloire a été placé sur nos vies, il est lourd et rempli de l'abondance. Le même mot en grec biblique est doxa, ce qui dénote la véritable compréhension d'une valeur de chose de sa valeur intrinsèque.

Un homme a été fait pour manifester la gloire de Dieu.

Il est indifférent que vous êtes né du mauvais côté de la voie ou dans un endroit sans pistes à tous! Une partie de votre gène divine dans votre esprit renaît, c'est exactement ce que Dieu se proposait à l'origine en Adam. Sa nature réalisées l'essence du Créateur.

Aujourd'hui cette même gloire à être le vôtre. Comme l'apôtre Paul écrit: «Mais nous avons tous, à visage découvert, contemplons comme dans un miroir la gloire du Seigneur, nous sommes transformés en la même image, de gloire en gloire, comme par l'Esprit du Seigneur» (2 Corinthiens 3:18).

Quelle transformation glorieuse!

LA SOURCE D'HONNEUR

Dans le Jardin d'Eden, l'homme a également été couronné avec honneur.

En l'honneur de la langue d'origine se traduit aussi magnifique un ornement, une splendeur de la beauté et l'excellence. L'homme a été la majesté de Dieu.

Vous étiez faits pour être de qualité supérieure et plus impressionnant que tout ce que le Tout-Puissant a créé, y compris les étoiles et les montagnes.

Honeur, cependant, est un don de Dieu, et seulement quand il l'accorde à vous-t-elle avoir un sens vrai. Quand Salomon allait devenir roi d'Israël, Dieu lui demanda ce qu'il désirait.

À la surprise générale, il n'a pas demandé la richesse ou de prestige, mais la sagesse et un cœur pour comprendre les gens. En raison de son humilité, le Seigneur lui a donné ce qu'il demandait et bien plus encore. Dieu dit à Salomon: Voici, j'ai fait selon ta parole: *"voici, je t'ai donné un sage et un cœur de compréhension, de sorte qu'il n'y a personne comme toi, avant toi, ni après toi il ne se lèvera comme toi. Et je t'ai donné aussi ce que tu n'as pas demandé, à la fois richesse et de gloire: de sorte qu'il n'y aura pas de chez les rois comme toi tous tes jours"* (1 Rois 3:12-13). Ce n'est pas Salomon qui a donné lui-même l'honneur, c'était un don du Tout-Puissant.

LA SPLENDEUR DE DIEU EST VOTRE

Il est la gloire et l'honneur accordé par le Seigneur qui vous permet d'avoir la dignité de vraiment le représenter.

Quand certaines personnes entendent le mot «dignité», ils apportent souvent à l'esprit d'un individu qui est rempli de leur propre importance, mais c'est un emploi abusif du mot. La dignité, c'est tout simplement ce que Dieu a accordé un grand honneur à, tout comme un dignitaire terrestre est une personne de haute estime.

**Lorsque nous sommes nés de nouveau
et les enfants du Dieu Très-Haut,
nous avons l'obligation de se porter
d'une manière digne, celui qui représente
son excellence et sa splendeur.**

Quand l'Ecriture parle de l'homme étant «couronné», il se réfère à la volonté du Créateur de nous avoir englobé et entouré par un environnement de ciel lui-même. Partout Adam retourna, il vit l'essence de Dieu, sa grandeur, la beauté, la richesse, et la majesté.

Ce paramètre a été parfait propice à la croissance de l'homme et le développement. Aujourd'hui, en tant que croyant né de nouveau, vous avez été introduit dans le Royaume de Dieu. Et il aspire à placer ce même couronne de gloire et l'honneur de vous.

Êtes-vous prêt à marcher dignes de cet appel?

Chapitre Cinq

COMMENCER À VIVRE DANS L'ATMOSPHÈRE DU CIEL

Le ciel est à couper le souffle!

Il ya des gens qui sont morts et ont déclaré qu'ils sont allés au ciel, encore trouvé difficile de décrire ce qu'ils ont vu. Un Pasteur de l'eglise baptiste, Don Piper, par exemple a été déclaré mort sur les lieux d'un accident d'automobile. Pourtant, une heure et demi plus tard, tout en étant prié par un pasteur collègues, tout à coup il revint à la vie. Piper est l'auteur de 90 Minutes in Heaven, un best-seller dans lequel il dit ce que c'était que d'être dans le ciel, si ce n'est que pour une courte période.

Autrement dit Piper, "J'ai regardé autour et la vue m'accablait. En sortant de la porte-à peu de distance, était un éclat qui a été plus brillante que la lumière qui nous entourait, tout à fait lumineux. En essayant de décrire la scène, les mots sont tout à fait insuffisant, car les mots humains ne peuvent pas exprimer le sentiment de crainte et d'émerveillement à ce que je vis."

AU-DELÀ D'IMAGINATION

Cela reflète ce que dit la Bible sur ce qui nous attend: "*l'œil n'a vu, ni l'oreille entendu, ni entrés dans le cœur de l'homme, les choses que Dieu a préparées pour ceux qui l'aiment"* (1 Corinthiens 2:9). Et même ceux qui ont été autorisés à voir la cité céleste à travers une vision sont rendus presque sans voix.

Cependant, Dieu ne nous donnent un aperçu de sa demeure par ce qu'Il a créé sur terre pour le premier homme. Vous voyez, il a toujours été le but de notre Père céleste que sa «volonté soit faite sur la terre comme au ciel» (Matthieu 6:10).

Donc, si Dieu allait lui-même mis dans l'homme, puis Adam-qui était à l'image du Créateur, il faudrait le même type d'environnement Dieu connu pour fonctionner.

C'est pourquoi il a conçu le jardin d'Eden avant qu'IL a fait l'homme.

Le Seigneur voit qu'il est nécessaires pour fournir l'environnement qui ressemblait le ciel lui-même.

L'AMBIANCE DU TOUT-PUISSANT

Il a été la décision de Dieu de faire un lieu de beauté, la gloire, l'excellence et la richesse.

Essentiellement, le Créateur l'a dit, "Si je vais habiter dans l'homme sur la terre, il doit être dans la même atmosphère qui ressemble à ma propre maison."

Alors Dieu a formé un paradis en préparation pour Adam et Eve, car Il savait que si l'homme avait la nature de Dieu, il aurait besoin de vivre dans l'ambiance du Tout-Puissant.

Pardonnez ma franchise, mais je tiens à contester ces dans le corps du Christ, qui estiment qu'il n'est pas la volonté de Dieu pour nous à prospérer et à avoir le meilleur. Au contraire, il est le seul environnement dans lequel votre nature est totalement en paix.

L'ESSENCE DE QUI VOUS SONT

Peut-être vous avez du mal à ce moment présent, inquiet au point de désespoir sur votre loyer ou les versements hypothécaires. Peut-être que vous conduisez une voiture qui est sur ses roues dernière, sur le point de tomber en panne, ou en élevant cinq enfants actifs dans un appartement de deux chambres. Il pourrait être vous êtes déprimé sur votre travail, on vous en sommes reconnaissants, mais en réalité ne bénéficient pas—Mais, vous n'avez pas d'autre choix étant donné que les factures doivent être payées et la nourriture doit être mis sur la table.

Tous ces facteurs peuvent être étouffement votre gène divine, d'étouffer l'essence de qui vous êtes, et étouffe votre créativité.

Ce qui se passe parce que votre esprit a été faite pour fonctionner dans une atmosphère de gloire et d'honneur. Il a été construit pour fonctionner dans une arène de la richesse, la prospérité et la dignité, un lieu de confort total. Nous ne parlons pas du désir de l'homme, mais la volonté de Dieu pour lui. Dans l'Eden, tout était «agréable à la vue" (Genèse 2:9), ce qui signifie là où Adam regarda, il était absolument magnifique!

EXCELLENCE ENVELOPPENT
VOTRE EXISTENCE?

Qu'en est-il aujourd'hui? Pensez-vous que Dieu veut pour vous d'être entouré par rien de moins que sa splendeur? Bien entendu, pas.

**Il n'ya rien de mal à vouloir une meilleure
maison ou un terrain
avec une vue pittoresque.**

Cette attente est en soi en vous parce que Dieu "nous câblé" pour être dans un lieu que partout où nous regardons, nous aimons ce que nous voyons! C'est pourquoi il est important pour vous de poursuivre la maison de vos rêves, un logement que lorsque vous vous réveillez chaque matin votre esprit se sent chez soi.

Certains de la frustration que vous ressentez, peut-être en ce moment ce parce que partout où vous regardez, rien ne se rapporte à votre nature. Pour certains, cela peut signifier une machine à laver sur un clin, mobilier qui a désespérément besoin d'être regarnir, ou papier peint qui se décolle des parois.

En conséquence, il n'y a pas de paix et de tranquillité, pas de l'excellence autour de votre existence.

FAIRE RESSORTIR LE MEILLEUR

Un Milieu droit est absolument essentielle, non seulement pour la beauté, mais pour la croissance et le développement.

- Une plante doit être placé dans le sol à droite pour la floraison.
- Un poisson doit rester dans l'eau pour survivre.
- Une étoile doit rester dans le ciel pour briller.

Comme cela est vrai, l'homme doit être dans une atmosphère de gloire pour que de son mieux pour être libéré.

DE LA PROVISION TOTAL

Il est significatif que, dans le jardin d'Eden, chaque arbre a été non seulement beaux à regarder, mais a été "bon à manger" (Genèse 3:6).

Adam a été dans un sanctuaire de la provision globale, ce qui signifie que l'humanité a été faite pour fonctionner dans un environnement où tous les besoins a été atteint. Même plus, la Bible dit que le Créateur a fait pousser les arbres (Genèse 2:9). Cela nous dit que c'était la volonté de Dieu pour avoir une place pour l'homme où il fourni tout le nécessaire pour vivre.

Bien entendu, Adam aurait tendance à cultiver le jardin, mais il n'était pas responsable de son abondance. Dieu dit: *«Je vous ai donné toute herbe portant semence, qui est sur la face de toute la terre, et tout arbre ayant en lui du fruit d'arbre et portant de la semence: ce sera votre pour la viande»* (Genèse 1:29).

Depuis le premier moment Adam ouvrit les yeux, il regarda partout il était grasse, les fruits mûrs de plus en plus pour lui de choisir et de profiter.

Il était plus grand plaisir du Père de fournir tous les besoins. Pourquoi? Parce qu'Il est un Dieu de la prestation.

PRÉVUES DANS LE CIEL

Beaucoup a été dit au sujet du message de prospérité et de ceux qui la prêchent, mais quand vous l'étude des Ecritures, vous découvrez que le commencement, Dieu est déterminé à respecter tous les besoins. Nous devons donc cesser de nous excuser pour la bonté de Dieu. Il s'inscrit dans le cadre de son plan original et designer.

Adam n'a pas demandé cette terre d'abondance, il a été la décision de Dieu. Il a simplement entrés dans un monde de grandeur qui était prévu dans le ciel.

**Le premier homme a découvert
ce que signifiait être dans la gloire de Dieu,
avec tout à sa disposition.**

C'est pourquoi j'insiste pour dire que si vous luttez pour la fourniture et sont stressés au point de votre pression artérielle est à la hausse, et votre santé physique est menacée, il ya une raison.

Il remonte au conflit d'origine. Nous avons été créés pour avoir toutes les choses prévues. Notre nature ne sait pas comment réagir au stress et la fatigue, car il est greffé dans notre gène divine de vivre dans la prospérité. Mais pour vraiment obtenir l'image de cette disposition divine nous devons aussi comprendre comment il a été emmené par la chute de l'homme.

LE MENSONGE DE SATAN

Parmi les innombrables arbres poussant dans le jardin d'Eden qui a fourni des vivres, il n'y avait qu'un seul qui était hors limites. En ce qui concerne cet arbre, Dieu dit: "Ne la touchez pas!"

Plus précisément, le Créateur a dit à Adam: "De tous les arbres du jardin tu pourras manger, mais de l'arbre de la connaissance du bien et du mal tu ne mangeras pas, pour le jour où tu en mangeras, tu mourras" (Genèse 2:16-17 LSG). Satan était bien conscient de cela, alors il a inventé Un système qui a entraîné le péché originel.

Maintenant le serpent était plus rusé que tous les animaux des champs que l'Éternel qu'il avait faits. Et il dit à la femme? Dieu at-il dit en effet: «Vous ne mangerez pas de tous les arbres du jardin?»

Et la femme dit au serpent: Nous mangeons du fruit des arbres du jardin, mais de le fruit de l'arbre qui est au milieu du jardin, Dieu a dit: "Vous n'en mangerez, ni vous n'y toucherez point, de peur que tu meurs."

Alors le serpent dit à la femme: «Vous allez sûrement pas mourir. Car Dieu sait que le jour où vous en mangerez, vos yeux s'ouvriront et vous serez comme des dieux, connaissant le bien et le mal." Alors, quand la femme vit que l'arbre était bon à manger, qu'il était agréable pour les yeux, et un arbre précieux pour ouvrir l'intelligence; elle prit de son fruit et mangea. Elle en donna aussi à son mari avec elle, et il en mangea.

Alors, les yeux des deux d'entre eux ont été ouverts, et ils connurent qu'ils étaient nus, et ils cousirent ensemble des feuilles de figuier et se firent les revêtements. Et ils entendirent la voix du Seigneur Dieu qui parcourait le jardin dans la fraîcheur de la journée, et Adam et sa femme se cachèrent loin de la présence du Seigneur Dieu parmi les arbres du jardin.

Alors le Seigneur Dieu appela Adam et lui dit, "Où es-tu?" Alors il a dit: «J'ai entendu ta voix dans le jardin, et j'ai eu peur parce que j'étais nu;. Et je me suis caché"

Et Il dit: «Qui vous a dit que tu étais nu? Avez-vous mangé de l'arbre dont je t'avais que vous ne devriez pas manger?

Alors l'homme dit," La femme que tu as mise auprès de moi, elle m'a donné de l'arbre, et j'en ai mangé. "Et le Seigneur Dieu dit à la femme, «Qu'est-ce que vous avez fait?" La femme dit: «Le serpent m'a séduite, et j'en ai mangé» (Genèse 3:1-14 LSG).

LES TROIS MALÉDICTION

Le diable a tenté Adam et Eve avec le même désir qui a provoqué sa propre chute. Il leur dit s'ils mangeaient de l'arbre de la connaissance, "vous serez comme Dieu" (verset 5).

La vérité est, ils étaient déjà comme Dieu, faite à Son image et ressemblance. Mais à cause de leur désobéissance, le Tout-Puissant n'a pas eu d'autre choix que de déclarer punition pour le péché, avec trois malédictions distincts. La première malédiction était sur Satan. Dieu lui dit: «Parce que tu as fait cela, tu seras maudit entre tout le bétail, et plus de toutes les bêtes des champs; sur ton ventre tu iras, et tu mangeras la poussière tous les jours de ta vie. Et je mettrai inimitié entre toi et la femme, entre ta postérité et sa postérité: celle-ci t'écrasera la tête, et tu lui blesseras le talon »(Genèse 3:14-15 LSG). La seconde malédiction a été mis sur la femme: «Je multiplierai ta peine et ta conception, dans la douleur tu enfanteras des enfants, votre désir te portera vers ton mari, et il dominera sur toi» (verset 16 LSG).

La malédiction finale de Dieu était sur l'homme: "Maudit soit le sol à cause de vous; dans la peine tu en mangeras, tous les jours de ta vie. Les deux épines et des chardons elle donnera pour toi, et tu mangeras l'herbe des champs. Dans la sueur de ton visage tu mangeras du pain jusqu'à ton retour à la terre, car c'est de lui tu as été pris; car tu es poussière, et tu retourneras en poussière "(versets 17-19 LSG).

AU REVOIR LE PARADIS!

Qu'est-ce qu'un demi-tour! Rappelez-vous, c'était la volonté de Dieu pour l'homme de vivre dans un endroit de la provision globale et la prospérité. Mais à cause du péché d'Adam, le Tout-Puissant a annoncé: «Je ne suis plus va fournir à tous vos besoins. Vous aurez à travailler à la sueur de votre front pour réussir.

**Adam a été contraint d'abandonner
le mode de vie du paradis jardin
avec son atmosphère de la beauté,
l'honneur, la fourniture et la dignité.**

Maintenant, il faudrait rompre physiquement le sol dur et aride, l'eau de ses récoltes, et de labeur pour la survie. Ce fut un départ spectaculaire par rapport au plan originel de Dieu, mais même si il a essayé d'utiliser comme une excuse Eve, Adam n'a pas eu à s'en prendre qu'à lui-même.

REDUIT A UNE VIE DE TRAVAIL

La malédiction a dur travail qui existe à ce jour. J'ai entendu dire que beaucoup se plaignent, "Pourquoi la vie est si difficile?"

Pour des millions la réponse réside dans le fait qu'ils n'ont pas repentis de leurs péchés et a pris la décision de vivre dans la présence de Dieu.

La Bible nous dit, "la voie des perfides est difficile" (Proverbes 13:15). La vie devient pénible. C'est pourquoi les hommes commencent à voler et même tuer. Nous voyons cette foi dans la vie des fils d'Adam et Eve. Abel gardait les moutons, tandis que Caïn labouré le sol. Les deux apporté une offrande au Seigneur: Caïn offrit quelques uns de ses fruits, mais Abel a présenté "les premiers-nés de son troupeau et de leur graisse» Genèse 4:4).

Quand Dieu a répondu avec honneur spécial pour l'offrande d'Abel, Caïn est devenu jaloux et indigné qu'il a tué son frère dans le domaine (verset 8).

En raison de l'iniquité, l'homme fut chassé de l'honneur. Il n'était plus la dignité de Dieu, mais réduite à une vie de travail et dans la peine.

C'est le monde dans lequel nous en sommes tous nés, mais ceux qui ont accepté le Christ et ont été perfusés avec Dieu la gène Divine sont maintenant délivrés de la malédiction de la terre, des épines et des chardons.

Oui, nous sommes tenus de travailler, mais il devient une joie plutôt qu'une charge, un travail d'amour au lieu d'une lourde tâche, car nous savons que la récompense éternelle qui nous attend.

Nous avons été repositionné en tant que fils et filles du Dieu vivant. La malédiction qui a été prononcée sur Adam est levé et nous sommes invités à vivre une vie de vivre à nouveau jardin! Loué soit le Seigneur!

Nous avons été gracieusement rendu à l'endroit que nous avons perdu.

VOTRE POSITION DIVINE

Permettez-moi de partager une vérité passionnante avec vous. Il s'agit de postes et les conditions.

Quand vous comprenez que la richesse est votre position, vous devrez avoir la foi pour changer votre condition.

Vous pouvez lire ce livre dans l'un des plus pauvres, des nations économiquement défavorisées de la planète-comme le Soudan, en Haïti ou au Cambodge. Soyez encouragé aujourd'hui. Il ne fait aucune différence ni où ni comment vous vivez, si vous vous rendez compte de votre position de faveur auprès de Dieu, Il commence à bouger dans votre situation et vous donner le mode de vie et de l'atmosphère, il vous a été prescrit.

Selon l'Ecriture, «La bénédiction du Seigneur, il enrichit, et il fait suivre d'aucun chagrin" (Proverbes 10:22).

Il s'agit de la faveur de Dieu donné à l'humanité dans la Genèse 1, et c'est sa volonté que nous évoluons dans cette disposition divine.

**Puisque la richesse est votre position,
il est automatiquement votre état de santé,**

**ce qui signifie qu'il est l'intention du Père
à manifester dans votre vie les choses
qui contribuent à votre place dans Son Royaume.**

LE PACTE

La richesse fournis par le ciel apporte non seulement la dignité, mais le pouvoir et l'autorité en tant que fils de Dieu. La Bible dit: "Tu te souviendras que le Seigneur votre Dieu, car c'est lui qui vous donne le pouvoir d'obtenir la richesse, qu'Il peut établir son alliance qu'il a juré à vos pères "(Deutéronome 08:18 LSG). Quelqu'un m'a demandé: «Je pensais que l'alliance que Dieu fait est pour chercher et sauver ce qui était perdu." Non, c'est le but du Père. Mais l'alliance que le Seigneur a fait avec Abraham a été l'une des grande bénédiction et faveur.

Il est important d'examiner la similitude entre ce que Dieu dit à Adam et l'alliance qu'il a faite avec Abraham. Le premier homme et la femme a dit: "Soyez féconds et multipliez-vous" (Genèse 1:28). Plus on leur avait promis la fourniture illimitée. Mais malheureusement, leur désobéissance les a fait renoncer à la bénédiction de Dieu. Il a fallu plusieurs générations avant que le Seigneur trouve une personne dont il pouvait avoir confiance avec une nouvelle alliance. Cet homme était Abraham. Dieu lui dit: «*Va-t'en de ton pays, et de ta parenté et la maison de ton père, vers le pays que je te montrerai, et je ferai de toi une grande nation, et je te bénirai, et de faire ton nom grand, et tu seras une bénédiction: et je bénirai ceux qui te béniront, et je maudirai ceux qui te maudira: en toi et toutes les familles de la terre seront bénies*» (Genèse 12:1-3).

C'est notre héritage en tant que saints du Dieu Très Haut, de marcher dans l'abondance du ciel. En tant que croyant né de nouveau vous avez moins de la même alliance: *«Si vous êtes à Christ, vous êtes donc la postérité d'Abraham, héritiers selon la promesse»* (Galates 3:29).

**Revendication cette alliance
sans honte ni excuses parce que c'est
la volonté de Dieu de bénir ses enfants.**

UNE VILLE DE L'OR

Un jour, nous allons entrer dans la gloire ineffable de Dieu. Dans l'Apocalypse de Jean, il a décrit avec éloquence cette ville magnifique et je crois que nous devons prendre le temps une fois de plus à méditer sur ce que Dieu a préparées pour ceux qui l'aiment:

Et je vis la ville sainte, la nouvelle Jérusalem qui descend de Dieu du ciel, préparée comme une épouse parée pour son époux. Et j'entendis une grande voix du ciel qui disait: Voici le tabernacle de Dieu avec les hommes, et il habitera avec eux, et ils seront son peuple, et Dieu lui-même sera avec eux, et pour être leur Dieu.

Et Dieu essuiera toute larme de leurs yeux, et il n'y aura plus ni mort, ni douleur, ni cri, et il n'y aura plus de douleur: car les premières choses ont disparu.

Et celui qui était assis sur le trône dit: Voici, je fais toutes choses nouvelles. Et il me dit: Écris; car ces paroles sont certaines et véritables.

Et il me dit: C'est fait. Je suis l'Alpha et l'Oméga, le commencement et la fin. Je veux donner à celui qui a soif de la fontaine de l'eau de la vie, gratuitement. Celui qui vaincra héritera ces choses, et je serai son Dieu, et il sera mon fils. (Apocalypse 21:2-7).

Comme sa révélation continue, *Jean a écrit: «Et il me transporta en esprit sur une grande et haute montagne, et me montra la ville sainte, Jérusalem, qui descendait du ciel d'auprès de Dieu, ayant la gloire de Dieu: et son lumière était semblable à une pierre très précieuse, une pierre de jaspe transparente comme du cristal . . . Et la construction de la muraille était de jaspe, et la ville était d'or pur, semblable à du verre pur.*

Et les fondations du mur de la ville étaient ornés de toutes sortes de pierres précieuses. Le premier fondement était de jaspe, le second de saphir, le troisième, de calcédoine, le quatrième d'émeraude, le cinquième, sardonyx, le sixième de sardoine, le septième, chrysolyte, la huitième de béryl, le neuvième de topaze, le dixième, de chrysoprase, la onzième, une opale, la douzième, une améthyste. Et les douze portes étaient douze perles: chaque porte était d'une seule perle et de la rue de la ville était d'or pur, comme du verre transparent.

Et je n'ai vu aucun temple dans la ville: pour le Seigneur Tout-Puissant Dieu et l'Agneau sont le temple de celui-ci. Et la ville n'a besoin ni du soleil ni de la lune, de briller en elle: pour la gloire de Dieu l'éclaire, et l'Agneau est son flambeau.

Et les nations d'entre eux qui sont sauvés marcheront à sa lumière, et les rois de la terre y apporteront leur gloire et l'honneur en elle. Et les portes de celui-ci ne doivent pas être fermées de jour: car il n'y aura plus de nuit. Et ils y apportera la gloire et l'honneur des nations en elle.

Et il y aura en aucune façon y entrer tout ce qui souille, ni que ce soit abomination agit, ou le mensonge: mais ceux qui sont écrits dans le livre de l'Agneau de la vie (versets 10-27).

Oh, quelle maison est glorieux d'attente pour ceux qui ont donné leur coeur à le Fils de Dieu! Mais, merci Dieu, nous pouvons éprouver Son Royaume sur la terre. En tant qu'enfant de Dieu, nous pouvons revendiquer notre alliance divine et commencer à vivre dans l'atmosphère incroyable du ciel.

Chapitre Six

DEMANDE DE
VOTRE REDEVANCE

De nombreuses nations du monde sont dirigés par des rois et des reines, plutôt que les élus, et nous voyons avec étonnement le faste quand ils montent sur le trône.

Royaulté, n'est cependant pas limitée à une poignée d'individus sang bleu qui prétendent pouvoir à cause de leur patrimoine. Comme croyants de sang acheté, né de nouveau, nous sommes aussi membres d'une famille Royaume celui qui n'a pas de rival.

Quand Jésus est mort, est ressuscité du tombeau, et est retourné à son Père dans le ciel, cette "Agneau qui a été tué" retourné à sa place, assis à la droite de Dieu dans la salle du trône du ciel. Voici comment l'apôtre Jean a décrit la scène dans sa révélation:

Je regardai, et j'entendis la voix de beaucoup d'anges autour du trône, les créatures vivantes, et les anciens, et le nombre d'entre eux a été dix mille fois dix mille, et des milliers de milliers, en disant d'une voix forte: "Digne est l'Agneau immolé de recevoir puissance et richesse, la sagesse et la force et l'honneur et la gloire et la bénédiction!"

Et toute créature qui est dans les cieux et sur la terre et sous la terre et ceux qui sont dans la mer, et tous ceux qui sont en eux, j'ai entendu dire: «Bénédiction, honneur et gloire et la puissance de Celui qui est assis sur le trône, et à l'Agneau, toujours et à jamais» (Apocalypse 5:11-13 LSG).

«UNE RACE ÉLUE»

Quand Jésus est monté au ciel Il a récupéré le pouvoir, la richesse, la sagesse, et toutes les autres bénédictions décrites dans les Ecritures. Et voici la partie la plus passionnante: si elle a été attribuée à Lui, il est également attribuée à nous. La Parole de Dieu proclame: «Vous êtes une race élue, un sacerdoce royal, une nation sainte, Son peuple acquis, afin que vous annonciez les vertus de Celui qui vous a appelés des ténèbres à son admirable lumière» (1Pierre 2:09 LSG).

Le mot grec utilisé pour «proclamer les louanges» est arete, ce qui signifie l'excellence. Alors, quand la Bible parle en montrant plus que les choses qui sont dignes d'éloges qu'il nous permet de savoir que l'humanité a été faite pour afficher ce pouvoir, cette sagesse, cette richesse, cet honneur, et de cette gloire. C'est dans notre gène divine!

Lorsque nous comprenons que Dieu nous a fait de représenter la richesse personnifiée, nous ne serons plus à lutter contre la mentalité qu'il ne veut pas nous recevoir en son pouvoir.

COURONNE DANS LA DIGNITE

Permettez-moi de le répéter: vous êtes redevance de Dieu! À partir de l'Ancienne Alliance, le Tout-Puissant a déclaré: «Et vous serez pour moi un royaume de prêtres» (Exode 19:6).

Cela s'applique à vous et à moi en tant que disciples du Christ. Jésus, qui «nous a aimés et nous a lavés de nos péchés dans son sang . . . nous a faits rois et sacrificateurs de Dieu et son Père» (Apocalypse 1:5-6). Il est "le Roi des rois et Seigneur des seigneurs . . . qui nous donne avec abondance toutes choses pour profiter" (1 Timothée 6:15-17).

Nous ne sommes pas seulement faits pour représenter le Royaume céleste, nous sommes un membre vital de celui-ci couronné de gloire et de dignité.

En conséquence, il est la volonté de Dieu pour ses enfants d'avoir un mode de vie qui sont honorables. Cela signifie que nous sommes de vivre dans une telle dimension que "nous devrions être à la louange de sa gloire" (Ephésiens 1:12).

Le Seigneur compte sur nous pour marcher dans les manifestations de sa divinité alors que le culte des hommes et des femmes sera lui à la suite de notre exemple.

L'ÉQUILIBRE EST NÉCESSAIRE

Dans les milieux chrétiens, il ya beaucoup dit sur le côté matériel de la prospérité, et la question est posée, "Qu'est-ce que le croyant né de nouveau disposez d'un droit et un privilège?"

Dans une société où les gens sont conduit « par l'argent», il ya beaucoup d'abus et dans les église, il en résulte que l'enseignement est souvent inexacte. Toutefois, dans la Parole de Dieu nous trouvons l'équilibre. Donc la question que nous devons nous poser est «Est-ce que Dieu nous voulons disposer de biens matériels?

Examinons encore une fois cette terre où le Créateur d'abord nous a placé. Il a été propriété de premier ordre, regorgeant d'or et des pierres précieuses (Genèse 2:10-12). Il est évident qu'Adam n'a pas fabriqué de diamants et d'autres trésors. Ces précieuses ressources étaient déjà dans le sol, fournie par la générosité du Tout-Puissant. Comme l'Écriture nous dit: *"Toutes choses ont été faites par elle, et sans lui pas de rien de ce qui a été fait"* (Jean 1:3).

L'erreur des nombreux de croyants aujourd'hui, c'est qu'ils ont donné la terre à ceux qui ne vivent pas dans l'image de Dieu.

NOUS NE FONT QUE RECULER!

Même si c'était la volonté du Père pour l'humanité d'avoir la richesse matérielle, Il voulait voir ces biens régis par les personnes ayant une nature qui Lui reflète. Malheureusement, nous avons permis à ceux qui refusent de servir le Seigneur de posséder la majorité des trésors terrestres, tandis que nous, les enfants de Dieu s'asseoir et agir comme si nous n'avons pas droit à ces choses de valeur.

Nous l'avons à l'envers!

Quand Dieu fait homme, la totalité des actifs de cette planète étaient pour son usage. Rappelez-vous, «La terre est au Seigneur, et sa plénitude, le monde, et ceux qui l'habitent» (Psaume 24:1).

MATERIÈL VS. SPIRITUÈL

Depuis au debut, notre Père céleste initialement prévu que l'humanité, à l'image de Dieu, serait en possession de tous ces biens précieux, il a certainement sur que les chrétiens auront jouir des choses de valeur. Ne pas perdre votre droit à la «bonne vie» en disant: «Dieu ne veut pas me l'avoir.»

Si cela était vrai, il n'aurait pas fourni ces richesses sur la terre pour commencer. Ils ont été placés ici pour nous d'utiliser et de prendre plaisir.

En grand nombre ont perverti cette vérité, ne pas comprendre que la matière n'est jamais plus grande que le spirituel.

Ce n'est pas l'or qui a donné à Adam son identité, c'est la nature de Dieu qui le définit.

Nous visons pour le spirituel, et non pas le matériau. Et ce faisant, nous ne sera pas régi par le mauvais maître. La Bible met en garde, "Pour l'amour de l'argent est une racine de toutes sortes de maux" (1 Timothée 6:10 LSG). Pourquoi cet avertissement? Parce que nous ne devons pas aimer quelque chose plus grand que Dieu Tout-Puissant. Lorsque vous saisissez de cette vérité, vous ne serez pas courir après les biens matériels, ils seront vous chassez pour faire avancer le Royaume et pour une vie bienheureuse. Et ensuite vous serez être en mesure de bénir les autres.

C'est la ligne de fond de savoir pourquoi Dieu a tant prospéré Adam au début. Il était de commencer par développer le jardin, puis tourner à la terre entière en un lieu de gloire, l'honneur, la magnificence et la beauté. Pour ce faire, le Seigneur avait de bénir et de lui donner le pouvoir, en fournissant tout le nécessaire pour que le processus aller de l'avant.

QUEL EST LE BUT?

Aujourd'hui, il est toujours l'intention de Dieu que nous avons le meilleur de cette vie a à offrir, mais pas pour l'accumuler égoïstement uniquement pour notre propre intérêt. Son but est pour nous de prendre ces ressources pour construire le jardin de Dieu partout où nous allons. C'est pourquoi nous avons besoin de la richesse que lui seul peut donner. En termes pratiques, mais biblique, nous sommes pour la rénovation des quartiers, à construire des maisons, les entreprises à démarrer, faire revivre les nations, et éliminer la pauvreté.

**Tout ce qu'il faut, nous devons mettre
la nature abondante de Dieu
dans la vie de l'humanité.**

Les paroles de Jésus sont tout aussi pertinents aujourd'hui que le moment où il leur a parlé: «Dans la mesure où vous avez fait à l'un des pays les moins de ces petits de mes frères, vous l'avez fait à moi» (Matthieu 25:40).

SE DIRIGEA VERS LA "BONNE TERRE"

Dieu veut nous bénir tellement que nous sommes en mesure de montrer sa gloire partout où nous allons à prendre les richesses du ciel et de l'utiliser pour envahir la terre. C'est ainsi que la véritable paix et la prospérité viendront à notre terre. Je crois que notre monde est fatigué de voir l'homme des systèmes économiques qui peuvent se bloquer et brûler et laisser des millions de graves difficultés financières.

Les signes des temps sont pointant vers un transfert divine économique de la richesse du monde pour le peuple de Dieu, comme il l'a fait quand les enfants d'Israël quittèrent l'Egypte avec les richesses de la terre.

Non seulement il les faire sortir de la captivité de riches, il les emmenait à *"un bon pays, pays de cours d'eau, des fontaines et des sources, qui sortent de vallées et de collines, un pays de froment et d'orge, de vignes et de figuiers et de grenadiers, une terre d'huile d'olive et de miel, une terre où tu mangeras du pain sans rareté, dans lequel vous ne manquera de rien, un pays dont les pierres sont du fer et des montagnes duquel vous cuivre peut creuser. Lorsque vous avez mangé et sont pleins, alors vous bénira le Seigneur ton Dieu pour le bon pays qu'il t'a donné"* (Deutéronome 8:7-10).

TOUT EST PRÉDISPOSÉ

Comme les dossiers Bible, la destination des enfants d'Israël ont été dirigés pour ressemblait beaucoup à ce que Dieu a préparées à l'avance dans le jardin d'Eden: *"Alors, il doit être, quand le Seigneur ton Dieu t'aura fait entrer dans la terre dont il a juré à tes pères, Abraham, Isaac et Jacob, pour vous donner les grandes villes et belle que vous n'avez pas construire, des maisons pleines de toutes les bonnes choses, que vous n'avez pas rempli, les puits creusés-out que vous n'avez pas creuser, vignobles et des oliviers que vous n'avez pas des plantes"* (Deutéronome 6:10-11 LSG).

Le Seigneur a voulu leur dire: *"Je viens vous apporter de l'esclavage et dans un pays où j'ai tout arrangements préalables pour vous de construire la vie que j'ai ordonné."*

Le Seigneur avait une demande importante:

Attention à ne pas oublier les Seigneur, ton Dieu, ne gardant pas ses commandements, *ses jugements et ses lois que je te prescris aujourd'hui, afin que, quand vous avez mangé et sont pleins, et ont construit de belles maisons et les habiteront, et quand vos troupeaux et vos troupeaux se multiplient, et votre argent et ton or sont multipliés, et tout ce que vous avez est multiplié; lorsque le coeur est levé, et vous oubliez le Seigneur ton Dieu, qui t'ai fait sortir du pays d'Égypte, de la maison de servitude; qui vous a conduit à travers ce grand et affreux désert, dans lequel ont été serpents brûlants et des scorpions et des pays de la soif où il n'y avait pas d'eau; qui a apporté de l'eau pour vous sur le rocher le plus dur; qui vous a nourri dans le désert avec la manne, que vos pères ne savaient pas, qu'Il vous humilier et qu'il pourrait vous testez, vous faire du bien à la fin, alors vous dites dans votre coeur, "Ma force et la puissance de ma main ont acquis cette richesse"* (Deutéronome 8:11-17 LSG).

Alors Dieu leur a donné un rappel qui est tout aussi réel aujourd'hui qu'il y a des milliers d'années auparavant: «Mais tu me souviens le Seigneur ton Dieu: car c'est lui qui te donne de la force pour obtenir la richesse" (verset 18).

UNE MENTALITÉ DE PROSPÉRITÉ

Qu'est-ce qu'un plan glorieuse que Dieu a pour ceux qui ont accepté son Fils. Il vous a doté de sa nature et les ressources nécessaires pour construire la vie qu'il a destinés pour vous. Plus, il suffit de partager avec ceux qui ne connaissent pas encore le Seigneur.

**Je vous prie que les esprits s'échauffent
sur le fait que c'est la volonté de Dieu pour
vous de vivre dans l'abondance, et d'avoir la
gloire et l'honneur.**

Nous sommes les rois et les reines de Dieu et destinés à marcher et vivre dans le plus beau qu'il a offert. Nous avons donc besoin d'une mentalité de la prospérité dont nous jouissons avant un compte bancaire de la prospérité. C'est pourquoi la Bible nous dit: "Je souhaite avant tout que tu prospères et sois en bonne santé, comme prospère l'état de ton âme" (2 Jean 1:2).

Pour rendre cette écriture prennent vie, le concept d'abondance doit faire partie de notre cœur, l'esprit et l'âme avant de voir sa manifestation. Ceci est essentiel parce que si nous avons la prospérité et le succès dans le cadre de notre nature spirituelle, nous ne serons pas de détourner ou de l'utiliser pour la vie injuste. Au lieu de cela, nous allons fonctionner avec une compréhension que la richesse nous est donnée de promouvoir céleste, Royaume vie ici sur terre. C'est ce que Dieu nous a créés.

En ce moment, demander votre position. Déclarez votre droit divin à disposition, et la bénédiction. Marchez la tête haute, dans la dignité du roi des rois.

VOTRE PATRIMOINE ROYAL

Si la dignité est dans votre nature, c'est un signe certain que l'excellence est dans votre gène divine et vous vous êtes engagé au plus haut et le meilleur, et en constante amélioration.

Vous ne possèdent pas cette qualité de se vanter devant le monde, mais de représenter la royauté divine vous ont été accordées.

Certains décrivent l'humilité comme la «pensée moins de nous-mêmes», mais c'est la définition erronée. Humilité moyens de penser moins de vous et d'autres

plus-ne pas penser que vous êtes moins.

Beaucoup de ceux qui par gratter avec quelques possessions matérielles commencent à s'identifier avec le peu qu'ils ont. Mais votre identité ne doit jamais ressort de ce que tu possèdes, plutôt de qui vous êtes.

C'est pourquoi il est indispensable de bien comprendre que vous êtes un enfant de Dieu Très-Haut, née de sa splendeur et la majesté. La connaissance de ce patrimoine vous fera marcher dans Sa nature de l'excellence.

A PREMIERE CLASSE DE REFLEXION

Dieu implants son excellence dans votre être, afin que vous utiliserez tous les talents et les compétences que vous avez été donnée au meilleur de votre capacité pour Sa gloire. Et vous traitez vos biens matériels de la même façon.

Par exemple, vous pourriez ne pas être en mesure financièrement d'acheter la voiture dernier modèle, mais le véhicule que vous possédez doivent être réglés, poli, et une réflexion de première classe de qui vous êtes. Vous ne pouvez pas posséder une maison dans une communauté fermée, mais "l'excellence" devrait de la façon dont vous gérez votre propriété et l'aménagement paysager.

Chaque jour, quand vous vous présentez pour un travail, vous devriez être en qualité personnifiée dans la façon dont vous vous habillez, comment vous vous conduisez, et dans votre éthique de travail et de production.

En tant qu'enfants de Dieu, nous ne devrions pas marcher comme des citoyens de seconde classe, à peine survivre et de faire seulement une fraction de ce que nous pourrions contribuer à la cause du Christ.

**Avoir une conversation sérieuse
avec vous-même et de réaffirmer,
"L'excellence est dans mon gène!"**

VOTRE COURONNE DE GLOIRE

Si nous montrons au monde qui est vraiment Dieu, par nos actions et les comportements très commencera à changer, repentir, et de comprendre que le christianisme est d'être le meilleur de nous-mêmes et avoir le plus beau parce qu'il est le «bon Dieu» de la vie.

Oui vous êtes un sacerdoce royal, "Et lorsque le souverain pasteur paraîtra, vous obtiendrez la couronne incorruptible de la gloire n'est pas loin" (1 Pierre 5:4).

Si vous prétendez être un chrétien, vous avez l'obligation de représenter la famille royale dans laquelle vous avez été adopté. Vous le devez au Seigneur pour afficher à ceux autour de vous ce qu'est un vrai fils ou la fille du Roi des rois ressemble.

Permettez-moi de vous encourager que vos actions à partir de ce jour, dans l'esprit et l'attribut absolu de l'excellence, parce qu'il fait partie de la dignité que Dieu a accordé à vous.

TROISIÈME PARTIE
DOMINION

Chapitre Sept

RESTAURER LA TERRE

Dans les deux premières sections de ce livre, nous avons examiné la divinité et de la dignité de notre gène divine spirituel. Cela nous amène à la troisième aspect important: Dominion.

Dans notre fondation Écriture, se référant à l'homme, le psalmiste écrit: *"Tu lui as donné la domination sur les œuvres de tes mains, Tu as tout mis sous ses pieds"* (Psaume 8:6).

Ce n'est pas seulement l'appel de Dieu pour l'homme de dominer, mais il fait partie de sa nature originelle. Le verset dit le Créateur l'a fait avec cette autorité. Cette domination des moyens a été greffée dans l'homme sur le but-il été conçu et construit avec cette autorité à l'esprit.

Par conséquent, il était dans la nature même d'Adam pour administrer le pays.

NOUS ÉTIONS FAITS POUR DIRIGER

Dysfonctionnements est evident quand l'homme est vivant sous des circonstances au lieu de sur eux. Pourquoi? Parce que nous avons apportées à la règle, à l'ordre, et de gouverner. Donc, nous ne fonctionnent pas à pleine capacité quand nous nous sentons dominé par des situations, que ce soit ou par une personne sans autorité divine.

C'est pourquoi la Bible nous dit: «Le Seigneur fera de toi la tête, et non la queue, et tu seras plus haut seulement, et tu ne seras pas en dessous; si n'écouteront point tu les commandements de l'Éternel, ton Dieu, qui je te commande aujourd'hui, à observer et à les faire» (Deutéronome 28:13).

L'homme n'a pas été créé pour être soumis à personne, mais Dieu. Alors le Seigneur ordonna à Adam de mettre toutes choses sous ses pieds, parce qu'il avait le gène Tout-Puissant.

UN RÈGNE UNIS

Il est significatif que lorsque Adam a été donné le mandat de gouverner et d'administrer, à la fois le ciel et la terre étaient sous la domination et l'autorité de Dieu. Maintenant, le Créateur a tourné la règle de ce monde à l'homme qu'il avait mis dans le jardin.

l'intention du père, cependant, a été pour Adam de prendre sa responsabilité pour la compétence de la terre au sérieux. Il devait être un règne unis, les uns avec les autres ayant autorité sur les domaines distincts et qu'ils devaient travailler en harmonie. Rappelez-vous, la Bible nous dit: "Que ta volonté soit faite sur la terre, comme il est dans les cieux" (Matthieu 6:10).

**Ce fut le dessein de Dieu le Père
qui règne dans le ciel
et Adam la décision de la terre,
il y aurait donc un royaume
dans les deux royaumes.**

Mais après Adam a péché, il le fit non seulement perdre son âme, mais a également entraîné en Dieu perdre sa domination sur la terre par la désobéissance de l'homme. Alors, quand Adam est tombé, la terre est tombé avec lui.

HORS DE CONTRÔLE

Dans le vide de gouverneur, Lucifer maintenant pris en charge et a commencé à gouverner cette planète à travers les hommes méchants. Il a utilisé l'iniquité d'Adam de capitaliser sur l'opportunité d'établir son propre royaume. Rappelez-vous, Lucifer avait toujours voulu être dans le contrôle, c'est ce qui lui a causé d'être jeté du ciel, en premier lieu.

L'objectif du diable c'était d'être un chef suprême, sous l'autorité de personne.

Quand Adam céda à la tentation, Satan caracolait autour de la célébration! Son rival a été le chassa du jardin d'Éden et maintenant du mal a été au total de commande sans maître sur lui sur la terre.

Immédiatement, Lucifer a commencé à mettre en place son gouvernement terrestre, avec des règles, des ordres, des systèmes de croyances, et des codes moraux. Et bientôt la terre entière était hors de contrôle. Dieu avait perdu son domaine.

LES CHOSES ALLAIENT CHANGER

Il y avait une prophétie donnée-que la semence de la femme écrasera la tête du serpent (Genèse 3:15).

Cette déclaration annonce la lignée de domination et de domination qui descendent d'Adam à Jésus.

Lucifer a été en mesure de gouverner dans une certaine mesure dans le domaine de la terre, et Dieu n'a pas exprimé la domination suprême sur la terre, parce qu'il avait perdu l'homme qu'il avait choisi de se prononcer. Mais quand Jésus est venu, tout a changé.

Isaïe a donné cette prophétie étonnante: «*Car un enfant nous est né, un fils nous est donné, et le gouvernement sera sur son épaule: et son nom sera appelé Merveilleux, Conseiller, Dieu puissant, Père éternel, Prince de la Paix. De l'augmentation de son gouvernement et de la paix il n'y aura pas de fin*» (Ésaïe 9:6-7).

Cela indique à la domination de Dieu retour à la terre-le gouvernement du ciel serait rétablie dans le monde. Et quand le Prince de la paix serait y arriver ne serait pas seulement une "augmentation" de l'autorité du Tout-Puissant, il n'y aurait "pas de fin» à elle.

Cela nous indique que Dieu allait non seulement d'apporter son règne juste retour à l'humanité, mais aussi se développer et étendre son autorité jusqu'à ce que la terre entière a été une fois de plus sous le règne de la grand Jéhovah. Qu'est-ce une prophétie merveilleuse!

"LE DERNIER ADAM"

Le Messie promis ne descendra du ciel, sous la forme d'un Enfant Jésus annoncée par les anges et né d'une vierge. Lorsque Jésus a grandi pour être un homme et a marché sur la scène de ministre, il a déclaré: 'Repentez-vous: car le royaume des cieux est proche" (Matthieu 4:17).

Il était heureux d'annoncer que la règle et la domination de Dieu était de retour à la terre.

Cela a été possible parce que Dieu avait trouvé un autre homme qu'il puisse se prononcer gouverner, consoleur, c'est Son Fils, Jesus.

C'est pourquoi Jésus est appelé "le dernier Adam" (1 Corinthiens 15:45). L'apôtre Paul nous donne une comparaison merveilleux de la première et la deuxième Adam:

Donc, comme par un seul homme le péché est entré dans le monde, et la mort par le péché, et ainsi la mort s'est étendue à tous les hommes, car tous ont péché-(Pour que la loi le péché était dans le monde, mais le péché n'est pas imputé, quand il n'existe pas de loi. Cependant la mort a régné depuis Adam jusqu'à Moïse, même sur ceux qui n'avaient pas péché à la ressemblance de la transgression d'Adam, qui est un type de celui qui devait venir. Mais le don gratuit n'est pas comme l'infraction.

En effet, si par l'offense beaucoup d'un seul homme est mort, beaucoup plus la grâce de Dieu et le don par la grâce d'un seul homme, Jésus-Christ, abondaient pour beaucoup. Et le don est pas comme celui dont a eu à travers celui qui a péché. Pour l'arrêt qui venait d'une infraction a entraîné la condamnation, mais le don gratuit qui est entrée des infractions ont donné lieu à justification. En effet, si par la mort infraction d'un seul homme régné par lui seul, beaucoup plus ceux qui reçoivent l'abondance de la grâce et du don de la justice régneront-ils dans la vie par Jésus-Christ.)

Par conséquent, le jugement infraction par un seul homme est venu pour tous les hommes, ce qui entraîne la condamnation, de même par acte juste un homme de la don gratuit est venu pour tous les hommes, ce qui justifie de la vie. Pour comme par la désobéissance d'un seul homme beaucoup ont été rendus pécheurs, de même par l'obéissance, beaucoup seront rendus justes d'un homme. En outre, la loi est entrée que l'infraction pourrait abondent. Mais là où le péché a abondé, la grâce a surabondé, afin que, comme le péché a régné dans la mort, même si le règne de grâce pourrait par la justice pour la vie éternelle en Jésus Christ notre Seigneur (Romains 5:12-21 LSG).

UN ROYAUME RESTAURÉ

Jésus est venu pour rétablir l'homme à l'endroit et la position (l'état et la nature), il est passé. Mais le plus important, pour restaurer l'humanité sous l'autorité de Dieu, le Tout-Puissant afin pourrait une fois de plus avoir son Royaume dans les deux royaumes. Le Fils de Dieu descendu sur terre avec une commande du ciel à la règle de la maladie, la maladie, le vent, les vagues, et les mauvais esprits.

Il a apporté la domination totale
de retour à la terre, et partout
où il propose, il a statué.

Il n'a jamais été le désir de Jésus de fonctionner à ce titre depuis que le monde était à l'origine le territoire d'Adam. Mais à cause de la transgression du premier homme, Dieu a dû envoyer son fils à restaurer la domination Royaume-redonner à l'homme par Jésus.

NOTRE TEMPS DE DIRE

Cette capacité à prendre en charge a été effectivement transféré de Jésus pour vous et moi, juste avant de monter vers le ciel, Sa gène Divine, que vous avez reçu au moment du salut, était activé en vous.

Christ a déclaré: *"Tout pouvoir m'a été donné au ciel et sur la terre. Allez donc, enseignez toutes les nations, les baptisant au nom du Père, du Fils et du Saint-Esprit: en leur apprenant à observer tout ce que je vous ai commandé: et voici, je suis toujours avec vous, jusqu'à la fin du monde"* (Matthieu 28:18-20).

Quel était le message à livrer? Jésus a dit: "Cette bonne nouvelle du royaume sera prêchée dans le monde entier pour servir de témoignage à toutes les nations, et alors viendra la fin" (Matthieu 24:14).

C'était un message du Royaume. Jésus nous a dit, *"Je suis retourné la domination, l'autorité, et le gouvernement de retour à la terre, et vous êtes maintenant autorisé à la fonction et la règle juste comme Adam. Vous avez les mêmes droits."*

EN MON NOM

Christ a été de quitter cette terre, mais Il nous a dit de continuer à exploiter en son nom. Un des derniers états Il a fait avant de retourner à son Père était le suivant: "En mon nom ils chasseront les démons, ils parleront de nouvelles langues; ils saisiront des serpents, et s'ils boivent quelque breuvage mortel, il est pas mal eux, ils imposeront les mains aux malades, et ils seront guéris" (Marc 16:17-18).

Jésus nous a été commandant, *"Allez dans mon autorité, Seigneurie, et la domination. Ramener le monde dans tout ce que l'ordre et de commande autour de vous une fois de plus être sous la sujétion de Dieu."*

C'est un mandat que nous ne devons pas prendre à la légère. Mais quel est notre rôle en faire une réalité? Plus précisément, ce qui est le Seigneur vous demande et que je fasse? C'est ce que je vais aborder dans le dernier chapitre.

Chapitre Huit

AUTORITE et DOMINION

Nos esprits limités ont du mal à croire que Dieu nous donnons 'de commandement et de contrôle' de ses oeuvre sur cette terre. Mais il est vrai.

Il ne nous dit seulement nous avons le pouvoir dans ce monde, mais dans le ciel même. Jésus a déclaré: «Je te donnerai les clefs du royaume des cieux: et ce que tu lieras sur la terre sera lié dans les cieux et tout ce que tu délieras sur la terre sera délié dans les cieux" (Matthieu 16:19).

C'est la domination!

Oui, Jésus est venu sur cette terre pour récupérer le Royaume, mais il a remis les clés à l'église, y compris vous et moi et dit: «Allez! lier! Lacher! passer l'ordre! Fait Décret! Mettre en place! Qu'est-ce que vous déclarez comme licite est licite, et ce que vous déclarer illégale est illégale

*Il a fait déplacer l'église et ses fidèles de se prononcer sur son nom, " . . . et les portes de l'enfer ne prévaudront point contre elle" (*Matthieu 16!: 18).

Il est l'attribution du corps de Christ de prendre la domination Dieu nous a donné l'ordre et commandement d'aller dans le monde et de ramener le Royaume de Dieu.

Le "monde" est le mot grec cosmos, qui n'est pas limité à la terre physique, mais il inclut les systèmes qui ont été mis en place pour fonctionner ici-l'ordre et l'arrangement d'entre eux sur notre planète.

REPRISE "LES SYSTEMES"

Quand le Seigneur nous dit d'aller dans le monde entier, tout cela est globale. Il comprend:

- Le système politique, qui traite des lois régissant.
- Le système éducatif, qui enseigne non seulement des connaissances mais façonne nos valeurs et croyances.
- Arts et divertissement. Nous sommes à envahir la musique et du cinéma.
- Le royaume des sciences, y compris la technologie moderne.
- Le système sportif, avec ses héros et de modèles
- Le royaume médicale, avec sa capacité à affecter la vie.

Vous pouvez dire, "ne sont pas seulement ces la progression naturelle des choses?"

Ils sont certainement, mais comme ils ont été mis en place après la chute d'Adam, Lucifer a grandement influencé chacun d'eux. C'est pourquoi la Bible nous dit que lorsque Jésus a été tenté dans le désert, Satan lui a pris *"sur une montagne très élevée, et lui manifeste l'œuvre de tous les royaumes du monde et leur gloire, et lui dit: Tous ces les choses Je te donnerai, si tu veux tomber et adore-moi»* (Matthieu 4:8-9).

Dans ce verset, nous voyons que le diable avait eu accès à la terre

pour établir certains royaumes, maîtrises, les systèmes et les gouvernements.

Satan a eu l'audace de dire à Jésus: "Si vous voulez bien me saluer, je vais vous donner la richesse de ces royaumes." Quelle fut la réponse du Seigneur? Il a courageusement répondu: *«Retire-toi, Satan! Car il est écrit: Tu adoreras le Seigneur ton Dieu, et Lui seul tu serviras»* (verset 10 LSG).

ALLER DANS TOUTES LES SPHÈRES

Jésus n'a pas eu d'adorer Satan de dominer, parce qu'il savait que, dans environ trois ans et demi, il serait aller à la croix et ressuscité des morts avec la nature divine de Dieu. Il comprend parfaitement qu'il serait de nouveau arraché les clés du pouvoir de l'ennemi et de rétablir le Royaume de Dieu dans les réalités de la terre.

Aujourd'hui, la mission est la nôtre: pour aller dans toutes les sphères de notre monde et à ramener l'ordre, la moralité, et règle ainsi "Les royaumes de ce monde sont devenus les royaumes de notre Seigneur et de son Christ" (Apocalypse 11:15).

C'est la volonté de Dieu, qui a été placé dans le gène Divine de tous ceux qui sont nés de nouveau à être utilisé du Père d'établir sa domination sur la terre. Permettez-moi de vous rappeler que de l'augmentation de son gouvernement et de la paix il n'y aura pas de fin (Esaïe 9:7).

Cela signifie que la cession de l'église est d'élargir et d'agrandir le royaume. Dieu a promis de nous aider. Il déclare: *«Si mon peuple sur qui est invoqué mon nom, s'humilie, prie et cherche ma face, et se détourne de ses mauvaises voies, je l'exaucerai des cieux, je pardonnerai son péché, et je guérirai leurs terres »* (2 Chroniques 7:14).

"PRENDRE PAR LA FORCE"

Allons-nous rencontrer de la résistance? Bien sûr. Pendant le ministère de Jésus, il a été défié et menacé par les deux chefs religieux et des représentants du gouvernement, et les dossiers Écriture, «Il a commencé à réprimander les villes dans lesquelles la plupart de ses miracles a été fait, parce qu'ils ne se repentent pas" (Matthieu 11: 20).

Comme les enfants de Dieu, nous ne sommes pas ici pour apaiser nos critiques ou de prendre parti, nous sommes ici pour prendre le relais!

La Bible déclare que *"depuis les jours de Jean le Baptiste jusqu'à présent, le royaume des cieux est forcé la violence, et les violents qui s'en emparent"* (verset 12). Nous avons été, façonné, et équipé d'une position dominante à l'intérieur de nous de se prononcer au nom de Dieu. Le clé de la croissance du Royaume est de trouver des territoires où se prononcer et de conquérir.

Dans le processus, jamais sous-estimer l'adversaire: *«Car nous n'avons pas à lutter contre la chair et le sang, mais contre les dominations, contre les autorités, contre les princes des ténèbres de ce monde, contre les esprits méchants dans les lieux célestes»* (Ephésiens 6:12).

NOTRE PRINCIPALE BATAILLE

L'ennemi ne veut pas céder un pouce de territoire. Nous savons d'avance qu'il est déjà vaincu, mais notre combat consiste à marcher dans les systèmes et les commandes dans lequel il les règles pour faire avancer le plan parfait de Dieu. C'est là notre lutte, parce que «le monde entier est sous la puissance du malin» (1 Jean 5:19).

Notre tâche consiste à remodeler la culture et la société. Amener les systèmes, les gouvernements et les dirigeants dans une nouvelle façon de penser, avec l'esprit du Christ.

La mentalité des enfants de Dieu, c'est que le message du royame doit être prêché—"et puis viendra la fin" (Matthieu 24:14).

Comme l'église, nous avons été donnés un mandat pour prendre la domination dans les quatre coins du monde, et de le proclamer jusqu'à ce que nous voyons un changement majeur, dans la façon dont les institutions et les systèmes fonctionnent. En conséquence, ceux qui ont vécu sous les ordres de Lucifer, a commencé à tourner, et à adopter une mentalité Royaume, afin que nous puissions faire progresser dans la primauté de Dieu dans toutes les sphères d'influence sur la terre.

C'est la bataille des primaires des croyants, car nous nous battons contre les systèmes de gouvernement, l'éducation, des médias, et la science qui sont souvent en conflit avec la règle et la volonté de Dieu. Par conséquent, le Royaume doit être vigoureusement avancées. Nous sommes à une prise de terrain au nom de Jésus.

QUEL EST VOTRE APPEL?

Pour ce faire, nous devons comprendre qu'il ya des domaines spécifiques ou des maîtrises dans laquelle Dieu a appelé chacun d'entre nous.

Personnellement, je fonctionne dans le domaine spirituel, ce qui signifie que j'ai été appelé, doué, oint, nommé, agréé, et suppléé à un prédicateur de la culture évangélique de changement dans la culture mondaine Royaume. Cependant, tous ne sont pas appelés à prêcher. Ce n'est pas leur «bureau» ou un cadeau, pas ce qu'ils ont été spécifiquement né pour faire.

Peut-être que vous avez été créé pour être un athlète. Si c'est le cas, votre but est d'aller dans le monde du sport doit être une influence pour le Royaume.

Le même est vrai si vous êtes doués pour les affaires ou pour fonctionner dans le domaine médical. Vos compétences et vos talents sont pour un but divin et ne doit pas être ignoré ou perdu.

Si vous êtes un homme politique chrétien, ne pas avoir honte de vos croyances de base. Vous avez été élu pour apporter un changement spirituel et moral au sein du gouvernement.

> **L'obligation de l'église est d'augmenter
> dans notre gène divine et de mobiliser
> le corps du Christ d'entrer dans tous
> les domaines où ils ont été appelés.**

Nous devons utiliser l'autorité et la domination de Dieu de manifester sa règle.

Malgre tous les changements entre générations, les paroles de Jésus sont toujours vraies. Vous avez reçu les clefs du Royaume (Matthieu 16:19) et il commence à la maison. Les clés de générations de votre famille sont dans ta main. Comme le roi David, il ya une personne placée dans votre lignée qui va effectuer la règle de Dieu et de la domination à vos enfants et vos enfants. Comme je dis souvent, le Seigneur a oint quelqu'un dans votre ménage pour redresser tous ses membres tordus dans votre arbre généalogique!

C'est la volonté de Dieu à relever, oindre et nommer une personne pieuse avec le mandat et le pouvoir d'influer sur le changement de génération. En outre, il y a des gens qui sont oints géographiquement d'aller dans les villes, régions, nations et d'apporter des changements pour le Royaume de Dieu. Puis il y a ceux qui opèrent dans l'autorité spirituelle, dans un royaume de l'onction apostolique. Quand ils parlent, on trouve tout dans les cieux commencent à changer et bouger à cause de cette nomination par le Tout-Puissant. Je prie pour vous trouver votre domaine où se règlent, la domination et du pouvoir et de commencer à l'exercer, intégrer le tout sous la sujétion.

LES ETAPES D'UNE BONNE HOMME

Lorsque Dieu dit qu'Il a tout mis sous vos pieds (Psaume 8:6), il comprend les systèmes du monde, nous avons discuté. Par conséquent, partout où nous pas, nous sommes en contrôle. Rien ne bouge jusqu'à ce que nous avançons! J'ai entendu des gens dire: «Eh bien, si Dieu me donnait le pouvoir, pourquoi ne pas ma situation change? Pourquoi ne pas venir à moi les bénédictions? «Mon ami, ce n'est pas la volonté de Dieu d'apporter la domination de vous, la domination est en vous. Cela étant le cas, là où le Seigneur vous appelle à aller, ou tout ce que Dieu vous appelle à faire, pas dans la foi. Toutes les choses seront désormais assujettis à vous. Le Tout-Puissant dit à Josué: Lève-toi, passe ce que tu en Jordanie, et tout ce peuple, vers le pays que je ne le leur donner . . . Tout lieu que la plante de votre pied foulera, que j'ai donné à vous »(Josué 1:2-3). Ne faites pas l'erreur de supposer que vous pouvez faire un pas où vous s'il vous plaît. Non, il n'y direction divine impliqués. La Bible dit: "Les étapes d'un homme de bien sont classés par le Seigneur" (Psaumes 37:23).

Il est intéressant de noter que le mot hébreu pour «étapes» dans ce passage signifie "pente, ou à monter." Cela nous dit que lorsque Dieu nous ordonne de se déplacer, il sera toujours dans la direction à droite un cran au dessus! Commencez à marcher C'est la nature du Père pour nous emmener de la foi à la foi, de gloire en gloire, dans les domaines qui sont plus élevés que nous avons jamais été. Ce qui me donne envie de crier!

Aujourd'hui est votre temps de passer! Je sais que cela requiert la foi, le courage, la force et l'action. Dans cette génération fin des temps, Dieu est à la recherche d'une certaine "pas élevé", ceux qui sont prêts à intervenir et prendre les royaumes de ce monde. Il est à la recherche pour ceux qui sont prêts à monter dans des endroits visibles et de droit, la médecine, ou de la sphère des entreprises et la revendication sur le territoire pour le Seigneur. Tu ne vas pas à saisir tout motif de pied ferme. Mais depuis vos démarches sont classés du Seigneur, en vertu de son autorisation, attendre que les choses changent. Sa domination est au soutien de chaque mouvement que vous faites.

ÉTAPE DANS VOTRE DESTIN

Maintenant c'est votre tour. Vous avez reçu la Divinité, la dignité, et la puissance pour un but. Prier: "Seigneur, j'accepte votre appel pour aller dans le monde entier et d'apporter le message du salut." Réjouis-toi! Vous êtes sur le pas dans votre destin, il est dans votre gène divin!

POUR PLUS DE RENSEIGNEMENTS

Taapa Book Club
PO BOX 6244
Delray Beach, Fl 33482

Internet: www.taapa.com
phone: 561-305-4177